언어와
존재

언어는 어떻게
우리의 생각을 만들고
처세와 정치를 결정하는가

SPRACHE UND SEIN

언어와 존재

퀴브라 귀뮈샤이 지음
강영옥 옮김

시프

우리보다 앞서 우리에게,

존재할 수 없던 길을 터준 이들을 위해,

내 손을 부드럽게 잡고 세상으로

이끌어주는 아이를 위해

옳고 그름의 저편에 한 장소가 있다.

우리는 그곳에서 만나리.

목차

1장

언어는 나와 사회라는 존재의 집이다

인간에게 언어는 물고기에게 물과 같은 존재다.
언어는 우리가 완전히 알지 못한다고 할지라도
우리를 형성하고 표현하는 생각과 삶의 소재다.
내가 이것을 깨달을 때, 내가 인식의 한계를 느낄 때,
비로소 내 안에서 겸허함이 싹튼다.
제한된 관점으로만 세상을 바라보던 나에게
세상에 대한 겸허함이 자라난다.

나는 형상을 넘어 그것의 세계로 들어간다.

─마르틴 부버Martin Buber

언어와 인식 중 무엇이 먼저였을까?

　　수십 년 지난 일이다. 더운 여름 밤 튀르키예 남서부의 소도시 항구에서 우리는 홍차를 마시며 느긋한 속도로 소금 간이 된 해바라기 씨앗의 껍질을 까고 있었다. 이모는 바다, 그 깊고 고요한 어둠을 보며 나에게 말했다. "**야카모즈**yakamoz가 얼마나 강렬하게 빛나는지 보렴!" 나는 그녀의 시선을 좇았지만 어디에서도 강렬한 빛을 발하는 것을 찾을 수 없었다. "대체 어디요?" 나는 이모에게 물었다. 이모는 다시 바다를 가리켰지만 나는 그녀가 말한 것이 무엇인지 알 수 없었다. 웃으면서 부모님이 대화에 끼어들었고 **야카모즈**라는 단어의 뜻을 나에게 설명해주셨다. **야카모즈**는 물 위에 비친 달빛을 의미했던 것이다. 그제야 나도 어둠 가운데 내 앞에서 환히 빛나는 그것을 보았다. **야카모즈**였다.

그 후로 나는 밤바다를 산책할 때마다 **야카모즈**를 본다. 나는 내 주변 사람들의 눈에도 **야카모즈**가 보일지 궁금하다. **야카모즈**라는 단어를 모르는 사람들에게도 말이다. 언어는 우리의 인식에 변화를 일으키기 때문이다. 내가 그 단어를 알고 있기 때문에 그것이 무엇을 지칭하는지 인식할 수 있는 것이다.

당신이 독일어 외에 다른 언어를 할 줄 안다면 독일어로 정확하게 번역하기 어려운 현상, 상황, 혹은 감정을 나타내는 많은 개념들이 분명 떠오를 것이다.

일본어의 **코모레비**^{komorebi}는 나뭇잎 사이로 희미하게 비치는 햇빛을 뜻한다. 아랍어로 한 움큼의 물을 묘사할 때는 **구르파**^{Gurfa}라고 한다. 그리스어인 **메라키**^{meraki}는 자신의 일에 헌신적으로 쏟아붓는 열정, 사랑, 에너지를 의미한다. 당신은 이런 상황을 알 것이다. 당신이 낯선 도시의 길 한복판에 있고 누군가 당신에게 길을 알려주었다. 당신은 귀 기울여 설명을 들었지만 몇 걸음도 채 되지 않아 까먹은 적이 있지 않은가? 이런 상황을 나타내는 하와이어가 바로 **아키히**^{akihi}다.

구르베트^{gurbet}라는 튀르키예어도 그런 예다.

몇 년 전이었다. 당시 나는 영국의 옥스퍼드에 살고 있었다. **바이람**Bayram이라는 이슬람 축일 아침에 나는 라디오로 독일의 바이람 축제에 관한 소식을 들었다. 아나운서는 새벽녘 모스크로 발걸음을 재촉하는 아버지들, 집집마다 한껏 들뜬 분위기, 가족 식사를 위한 막바지 준비, 새 옷을 차려입고 단정하게 머리를 빗고 기대감에 부풀어 선물 봉투 주위를 맴돌며 춤추고 돌아다니는 아이들의 풍경을 전했다.

라디오에서 흘러나오는 낯익은 소리들이 우리 집 부엌을 가득 채웠다. 나는 외국 생활을 하면서 세계의 역사를 두루 접하고 다닌 이래 처음으로 내 안에 허전함이 생기는 것을 느꼈다. 순간 나는 친근했던 사람들이 내 곁에 없다는 것을 깨달았다. 부모님, 형제자매, 조부모님, 이모, 고모, 삼촌, 사촌들. 축일 때마다 나를 꼭 안아주었고, 어린 시절 내가 어땠는지, 세월이 얼마나 빨리 흘러가는지 이야기했던 동네 어르신들. 나를 사랑했던 모든 사람들이 그냥 떠올랐다. 내 곁에 이들이 없어서 서글펐다.

사실은 그들이 내 곁에 없는 것이 아니라, 내가 그들 곁에 없는 것이었다. 고향을 떠나 구르베트에 살고 있는 것은 나였으니까.

책상 앞에 앉아 내 감정을 글로 표현해보려고 하

자 내 손가락들이 키보드 위에서 춤을 추기 시작했다. 나는 물 흐르듯이, 아주 자연스럽게 글을 써 내려갔다. 한참 후에야 내가 튀르키예어로 글을 쓰고 있다는 사실을 깨닫고 깜짝 놀랐다. 그동안 나는 대부분의 시간을 독일어나 영어로 말하고 생각해왔다. 하지만 튀르키예어인 **구르베트**만큼 내 감정, 낯선 곳에서 끓어오르는 강한 동경을 표현하기에 적합한 단어는 없었다. 내가 **구르베트**를 '낯선 곳에서의 생활'이라고 번역하면 이 단어가 내 안에서 무엇을 불러일으키는지 상대방에게 충분히 설명할 수 없을 것이다.[1]

구르베트는 독일어로 번역하기 어려운 수많은 개념 중 하나다. 역으로 내가 독일어로 표현했던 숱하게 많은 생각들을 튀르키예어 문장으로 표현하는 것도 쉬운 일이 아니다. 나는 **페른베**Fernweh•나 **샤덴프로이데**Schadenfreude••와 같은 독일어 개념을 정확하게 설명하려고 여러 번 시도했지만 쉽지 않았다. 어떤 단어에 대해 내가 생각하고, 의미하고, 느끼는 바를 상대방에게 이해시키려면 단어가 아닌 문장으로 풀어 번역해야 한다. 그래서 많은 감정들은 특정한 언어 안에서만 살아 있다. 언어는 우리에게 세계를 열어주는 동시에 우리를 그 안에 가둔다.

빌헬름 폰 훔볼트Wilhelm von Humboldt는 각 언어에 "고유

•   먼 곳에 대한 동경

   ••   남의 불행을 고소해하는 것

한 세계관"이 담겨 있다고 했다.[2] 그렇다면 서로 다른 언어에 담긴 세계관의 차이는 어느 정도일까? 말뿐만이 아니라 우리의 언어가 우리가 인식하는 세계에 영향을 준다는 것은 더 이상 논쟁할 필요가 없는 사실이다. 그러므로 언어에 따라 생각이 갈리는 것에 대해 질문하려면 이렇게 물어야 한다. 언어는 우리의 인식과 생각에 얼마나 많은 영향을 끼칠까?[3]

수數를 예로 들어보겠다. 실제로 수를 사용하지 않는 언어가 있다. 브라질의 아마존 지역에 사는 피라항족 Pirahã의 언어처럼 말이다. 피라항어에는 하나, 둘, 많다[4] 외에는 수를 표현하는 개념이 없다.[5] 그렇다면 피라항족은 우리와 다르게 세계를 인식하는 것일까? 이를 조사하기 위해 학자들은 다음과 같은 실험을 했다. 탁자 위에 최대 열 개의 배터리를 두고 피라항족들에게 배터리 수를 세어보라고 했다. 이들은 두 개나 세 개까지 수를 세는 데 문제가 없었지만 네 개부터 결과가 점점 부정확해졌다.

게다가 피라항족은 정확하게 색깔을 나타내는 표현을 사용하지 않는다. 수십 년 동안 피라항족의 언어를 연구해온 언어학자 대니얼 에버렛Daniel Everett은 피라항족이 색을 나타내는 개념을 임의로 지칭함으로써 연구자들의 추측을 입증했다고 보고했다. 이들은 과거형도 사용하지 않는다. 에버렛은 그래서 이들이 현재에 시선을 고정한 채 실제로 지금 이 순간을 살고 있다고 한다. 소위 **카르페 디엠**_{carpe diem}*이라는 삶의 원칙이 언어로 규정되어 있는 셈이다. 또 피라항족에서 조부모의 이름을 기억하는 사람은 소수뿐이다. 다른 부족들은 유사한 생활환경에서 몇 달 동안 먹을 수 있는 밀을 생산해 비축해두는 반면 피라항족은 기껏해야 며칠을 버틸 수 있는 양의 밀을 저장해둔다. 또한 아마존의 다른 부족들과 달리 피라항족에게는 창조 신화가 없다. 숲이 존재하기 전에 피라항족보다 먼저 존재했던 것이 무엇인지 물으면 이들은 모든 것은 항상 그 상태로 존재했었다고 대답한다. 에버렛은 **시피오**_{xibipíío}라는 단어를 피라항족의 표상 세계를 이해하는 열쇠라고 표현했다.

> 드디어 나는 이 개념이 무엇을 지칭하는지 확실하게 깨달았다. 내가 경험의 문턱이라고 표현하는 것, 즉 인식으로 드나들며 경험의 경계에 머무르는 과정을 의미했던 것이다. 가물거리는 불꽃은 끊임없이 경험 혹은 인식의 영역을 넘나드는 불꽃이다(……). 피라항족의 평서문에는 말하는 순간과 직접적인 관련이 있는 진술만 포함되어 있다. 이

• 현재에 충실하라는 뜻의 라틴어

진술은 화자가 직접 체험한 것이거나 화자와 동시
대에 생존했던 누군가의 증언이다.[6]

처음 몇 년 동안 에버렛은 피라항족들에게 복음을 전하
는 개신교 선교사로 헌신했다. 하지만 피라항족을 '개종'
시키려는 그의 노력은 실패를 거듭했다. 피라항족은 성
경 이야기에는 도무지 관심을 보이지 않았고, 에버렛이
더 이상 행적을 입증해줄 사람도 없는 예수에 대해 설교
하는 것을 이상하게 여겼을 뿐이었다. 피라항족의 문화
에는 창조 신화도 존재하지 않을뿐더러 민간전승이나 전
설도 없었다. 에버렛은 피라항족이 사는 방식의 영향을
받아 결국 선교사에서 무신론자가 되었다.

　우리가 사용하는 언어에 과거 시제가 없다면, 우
리의 생각들이 오래전부터 과거 주변을 맴돌고 있었다
면, 과거에 대한 우리의 생각은 어떻게 작용하는 것일까?
우리는 역사적 이야기들에, 낯선 기억들에 탐닉할 수 있
을까? 종교, 운동, 국가에서 과거가 없다는 것은 무엇을
의미할까? 집단적 역사가 존재하지 않는다면 민족 국가
가 존재할 수 있을까?

　한 사람이 과거를 지켜보는 국가는

현명하다.
두 사람이 과거를 지켜보는 국가는
맹목적이다.
—북아일랜드 벨파스트의
  벽에 적힌 비문

언어는 현재 우리의 인식에도 영향을 끼친다. 독일어나
스페인어와 같은 많은 언어의 명사에는 문법적 성이 있
다. 독일어에서 **다리**Brücke는 여성 명사이고, 스페인어에서
는 남성 명사이다. 이것은 '성별 특성'에 따라 실제의 다리
를 묘사한 것이다. 독일어에서 다리는 '아름답고, 우아하
고, 연약하고, 평화롭고, 예쁘고, 날씬한' 이미지로 묘사되
는 반면, 스페인어에서 다리는 '크고, 위험하고, 길고, 강
하고, 안정적이고, 강력한' 이미지로 표현된다.[7]

　　　반면 인도네시아어, 튀르키예어, 일본어, 핀란드
어, 혹은 페르시아어와 같은 많은 다른 언어에는 성별을
구분하는 대명사, 즉 독일어의 그er, 그녀sie, 그것es이 없다.
인지심리학자 레라 보로디츠키Lera Boroditsky는 인도네시아
어가 모국어인 사람과의 대화를 이렇게 설명했다. 두 사
람은 인도네시아어로 보로디츠키가 친하게 지내는 사람
에 관한 이야기를 나눴다. 상대방은 보로디츠키의 지인

과 모르는 사이였고 그에 대해 할 수 있는 모든 질문을 했다. 스물한 번째 질문에 이르러 그가 남자인지 여자인지를 묻는 내용이 나왔다.[8]

보로디츠키는 깜짝 놀랐다. 상대방은 대화를 나누는 내내 성별을 언급하지 않고도 그 사람이 어떤 사람일지 머릿속으로 그려볼 수 있었단 말인가?[9] 당신은 어떠한가? 당신은 한 사람의 이야기를 따라가고 질문하면서 그가 어떤 사람인지 상상해볼 때 성별을 확인하려는 충동을 느끼지 않겠는가?[10]

오스트레일리아 북부에 사는 쿠크 타요르족^{Kuuk Thaayorre}의 언어는 공간과 시간에 대한 인식의 측면에서 특히 인상적이다. 쿠크 타요르 언어에는 왼쪽과 오른쪽을 나타내는 단어가 없다. 대신 타요르족은 방향으로 좌우를 표현한다. **너의 북서쪽 팔에 개미가 있다. 남남동 방향으로 찻잔을 밀어줄 수 있겠니?** 이런 식으로 표현한다. 그래서 타요르족은 4세나 5세만 되어도 닫혀 있고 지붕이 있는 공간에서 정확하게 방향을 말할 수 있다.[11] 두 명의 타요르족이 만나면 서로 인사를 하며 상대가 어디를 가는지 묻는다. 짧은 대화에서도 이미 화자들은 방향을 지칭하는 표현을 계속 사용한다. 방향은 타요르족의 언어와 인식의 기본이자 당연한 요소인 것이다. 레라 보로디츠키는 쿠크 타요르 언어를 배우려고 했을 때 다음과 같은 경험을 했다.

> 내가 방향을 찾지 못하자 모두 나를 좀 덜떨어진 사람으로 취급했다. 그게 속상했던 나는 방향을 찾으려고 안간힘을 썼다. 그렇게 어떤 길이 어느 방향을 향하는지 내다볼 수 있는 눈을 기르려고 노력하던 어느 날, 나는 다음과 같은 멋진 경험을 했다.
>
> 그날 나는 타요르족과 함께 길을 가던 중이었는데 땅만 보고 있었다. 그러다가 갑자기 내 머릿속에서 새로운 창을 어떻게 열 수 있는지 깨달았다. 그 순간 나는 처음으로 지금까지 걸어왔던 풍경을 위에서 내려다볼 수 있게 되었다. 그곳에서 나는 아래쪽으로 움직이는 작은 붉은 점에 불과했다. 내가 몸을 돌리자 작은 창이 이 지역에 맞춰졌다. 그리고 이 창은 나의 내면의 눈앞에 펼쳐졌다. 그리고 (……) 나는 생각했다. 아하! 이렇게 하니까 훨씬 쉽네. 이제 나는 방향을 찾을 수 있다.

그녀가 타요르족의 한 남성에게 자신의 기이한 경험을

이야기하자 그는 웃으며 우리가 사는 세상에서 방향을 찾는 법을 물었다.[12]

문법 체계, 규칙, 기준을 갖추고 있는 우리의 언어는 우리가 인식하는 공간뿐만 아니라 시간에 영향을 끼친다. 당신에게 시간은 어떻게 흐르는가? 독일어를 구사하는 사람으로서 내가 당신에게 출생 시점부터 노년까지 한 사람의 사진을 시간순으로 정리해보라고 한다면 당신은 아마 왼쪽부터 시작해 아동기의 사진을 배열하고 맨 오른쪽에 노년기의 사진을 놓을 것이다. 독일어와 모든 라틴어 계통 언어는 왼쪽에서 오른쪽 방향으로 글을 쓰고 읽는다. 우리는 시간도 이렇게 인식한다. 반면 히브리어나 아랍어를 하는 사람들은 우리와 달리 오른쪽에서 왼쪽 방향으로 사진을 정리할 것이다. 그렇다면 타요르족은 사진을 어떻게 정리할까? 피실험자들은 왼쪽에서 오른쪽, 오른쪽에서 왼쪽, 앞에서 뒤로, 뒤에서 앞으로 등 자신이 앉아 있는 위치에 맞춰 사진을 정리했다. 예를 들어 타요르족은 시간을 동쪽에서 서쪽으로 흐르는 것으로 인식한다. 피실험자들이 북쪽을 보고 앉아 있다면 오른쪽에서 왼쪽 방향으로 사진을 정리할 것이다. 반면 이들이 남쪽 방향으로 앉아 있다면 왼쪽에서 오른쪽 방향으로 사진을 정리할 것이다.

시간과 세계에 대한 이러한 인식은 나에게 오랫동안 깊은 인상을 남겼다. 이와 같은 비교를 해본 후에야 이러한 세계에 대한 관점이 우리를 어떻게 길들여왔는지 뚜렷하게 드러난 셈이다. 모든 것은 우리를 중심으로, 사실상 '나'와 개개인의 인식을 중심으로 돌아간다. 쿠크 타요르족의 언어는 우리가 단지 거대한 지도의 한 점에 불과한 존재임을, 시간은 '나'의 관점과 상관없이 우리를 초월해 흐르고 있다는 사실을 끊임없이 일깨운다. 우리가 이와 유사한 언어를 사용한다면 어떻게 될까? 우리는 어떠한 원칙과 겸손함으로 타인, 생명체, 자연을 바라보아야 할까?

우리 언어의 원칙에 따르면 99명의
여자 가수에
1명의 남자 가수를 더하면 100명의
가수가 된다.
99명의 여성들은 사라져 더 이상
찾을 수 없고, 남자들의 서랍 속에서
소멸된다.
—루이제 F. 푸시 Luise F. Pusch

다른 언어들을 다뤄보면 자신이 사용하는 언어의 한계를 깨닫는 시야가 트이는 데 도움이 된다. 하지만 원칙적으로 이러한 우회적인 방법은 필요 없다. 굳이 밖에서 찾지 않아도 당신은 언어의 불충분함을 느낄 수 있고 자신이 사용하는 언어의 한계에 부딪힐 수 있다. 가령 다음과 같은 일이 발생했다고 상상해보자. 아버지와 아들이 차를 타고 가다가 교통사고를 당해 중상을 입었다. 아버지는 병원으로 이송되는 중에 사망했고, 아들은 즉시 수술을 받아야 한다. 그런데 당직이었던 한 외과 의사가 환자의 얼굴을 보더니 하얗게 질려 이렇게 말한다. "저는 이 환자를 수술할 수 없습니다. 제 아들이기 때문입니다."[13]

이 사람은 환자와 무슨 관계일까? 교육학자 아나벨 프로이슬러Annabell Preussler는 이러한 예를 이용하여, 언어 습관으로 인해 생긴 고정관념을 설명했다. 외과 의사가 아이의 어머니였다는 것이 이 문제의 답이다.[14]

처음 이 이야기를 들었을 때 머릿속이 뒤죽박죽되는 이유는 무엇일까? 우리는 '외과 의사'라는 단어를 들으면 여자가 아닌 남자를 먼저 떠올리기 때문이다. 독일어에는 성별을 구분하는 대명사뿐만 아니라 성性, 즉 문법적 성이 있다. 이 점에서 독일어와 영어는 다르다. 독일어에서는 **여자 선생님**Lehrerin과 **남자 선생님**Lehrer을 구분해 사용하는 반면 영어의 **티처**^teacher는 남녀를 모두 포함하는 단어다. 독일어 명사는 이렇게 남성과 여성을 구분하지만, 직업을 표기할 때 남성과 여성을 구분하지 않고 **레러**^Lehrer(남자 선생님)라는 포괄적 남성을 사용하는 것이 관례다.

언어학자 페터 아이젠베르크^Peter Eisenberg는 이러한 총칭은 남성이나 여성을 지칭하는 것이 아니고 가르치는 모든 사람을 의미하는 것이라고 주장했다.[15] 여기에서 중요한 것은 성별이 아닌 직업이다. 하지만 이로써 남성의 관점이 **중립적**^neutral인 것으로 보편화되고 남성형이 표준형으로 규정되는 셈이다. 이러한 총칭이 남성을 의미하는 것도 여성을 의미하는 것도 아니라면 여성형을 취하지 못할 이유는 무엇일까? 독일의 페미니스트 언어학 공동 창시자인 루이제 F. 푸시는 이런 의문을 제기했다. 직업 표기에 여성형 명사인 **레러린**^Lehrerin(여자 선생님)을 사용했을 때 이 단어를 듣고 사람들이 가르치는 일을 하는 사람을 총칭하는 개념이라고 받아들일까?

사고 실험을 해보면 문법적 성의 불충분함은 뚜렷해진다. **남자 선생님**^Lehrer이라는 직업 표기에 여성이 포함된다고 주장하더라도 모든 사람들이 그렇게 받아들이지 않는다면 불충분한 개념인 것이다.

사회심리학자 다그마 슈탈베르크^Dagmar Stahlberg, 자비네 스체니^{Sabine Sczesny}, 프리데리케 브라운^{Friederike Braun}은 성평등 언어가 우리의 생각에 미치는 영향을 다음 실험을 통해 보여주었다. 이들은 50명의 여성과 46명의 남성을 세 그룹으로 나누고 각 그룹에 설문지를 주었다. 설문지의 내용은 전부 같았고 성 표기법에만 차이가 있었다. 첫 번째 그룹에게는 가장 좋아하는 소설 속 **남자 주인공**^{Romanhelden}, 두 번째 그룹에게는 가장 좋아하는 소설 속 **인물**^{Romanfiguren}, 세 번째 그룹에게는 가장 좋아하는 소설 속 **여자 주인공**^{Romanheldinen}이 누구인지 물었다. 즉 세 그룹의 설문지에는 남성, 성 중립, 남성과 여성을 함께 표기하는 개념 형태인 '중간 I^{Binnen-I}'가 각각 사용되었다.

성 중립적이고 남성과 여성을 함께 표기하는 개념 형태는 소설 속의 여자 주인공을 언급하는 데 가장 많이 사용되었다. 반면 소위 남성과 여성을 아우르는 '중립적'인 표현으로 남성형을 사용한 첫 번째 그룹의 설문지에서는, 남성과 여성을 함께 표기하는 개념 형태가 훨씬 적게 사용되었다. 남성형 언어 형태를 다룬 많은 유사 연구들의 결과도 동일했다. 사람들의 생각에서도 여성의 존재는 남성보다 조금 반영되었다.[16]

이 문제를 어떻게 풀어가야 할까? 이에 관한 논쟁과 토론은 수십 년 전부터 있었다. '중간 I'(를 사용하고 양성

표기 형태를 정착시켜야 할까)? 밑줄 문자(_)(와 여성형을 남성형 어근의 부속물로 밀어내야 할까)? 콜론(:)? 느낌표(!)? 별표(*)? 엑스(X)? 그리고 이렇게 표기한 단어는 어떻게 발음해야 할까? 어떤 방식이 어법에 정착될까?[17]

그런데도 여전히 남아 있는 질문들이 있다. 이러한 제안들이 증상만 없애는 수준에서 끝나는 것이 아닐까? 남성형을 대신할 수 있는, 중성형이 아닌 새로운 어미가 필요한 것은 아닐까? **남자 선생님**[Lehrer]이라는 단어가 **실제로** 가르치는 모든 사람들을 의미하도록? 아니면 인간을 성 정체성에 따라 범주화하지 못하게 하는 언어가 필요한 것은 아닐까? 스와힐리어, 우즈베크어, 아르메니아어, 핀란드어, 튀르키예어와 같은 언어들이 이런 경우에 해당한다.

나는 아들과 주로 튀르키예어로 대화한다. 튀르키예어에서는 **그는**[er], **그녀는**[sie], 혹은 **그것은**[es] 대신에 'o'를 사용한다.[18] 아들이 독일어를 많이 구사할수록 내가 아들에게 성이 틀렸다고 지적하는 횟수도 늘어난다. 물론 나는 어법상 오류만을 고쳐준다. 한편으로는 이런 생각이 든다. 내가 왜 아이에게 남성 혹은 여성이라는 범주로 분류하는 것보다 더 중요한 특성을 먼저 가르치지 않고, 이런 틀에 박힌 관점으로 사람들을 보도록 가르치고 있는 것일까?[19]

　　　우리가 현실을 이해하려면 언어가 구성된 체계를 다뤄야 하는 것은 자명한 사실이다. 그래야 그것이 무엇인지 말로 표현할 수 있다. 그래야 우리가 존재할 수 있다. 그래야 우리가 타인과 다른 존재임을 알 수 있다.

> 내 언어의 한계는 내 세계의 한계를 의미한다.
> —루드비히 비트겐슈타인Ludwig Wittgenstein

나는 다양한 소모임의 저녁 식사 자리에서 이 주제로 대화를 나눴다. 언어는 어떻게 인간에게 한계를 지우는가? 그 자리에 있던 많은 사람들이 내 의견에 동의했고 자신의 경험담을 풀어놓았다. 그러다가 그때까지 이야기를 듣고만 있던 한 여자가 자신의 생각을 말하기 시작했다. 그녀는 이 공간에서 나를 포함해 다른 여성들이 언어에 내포된 비정의非正義에 이렇게 많은 관심을 두고 있다는 사실에 놀랐다고 했다. 그녀는 문법적 성을 생략한 문장을 한 번도 사용한 적이 없고 언어로 인한 한계를 느껴본 적이 없다고 했다. 오히려 그녀는 현재 자신이 사용하는 언어를 통해 긍정적으로 세계를 보는 법을 배웠다고 말했다. 이런 삶을 사는 사람에게 무슨 일이 일어날 수 있겠는가? 최악의 경우이지만 그녀는 여전히 따뜻한 집, 옷, 풍족한 식사만 주어진다면 만족할 것이다.

살짝 당황한 나는 그녀의 말을 경청했다. 나는 그녀가 장벽을 넘어보려는 시도도 해보지 않은 사람, 단 한 번도 무력함, 통제 불능, 굴욕, 외로움, 말할 수 없는 현실이라는 밑바닥까지 혹독하게 내쳐져본 적이 없는 사람, 실제로 우리 사회 전반에 걸쳐져 있는 장벽이 무엇인지 상상조차 할 수 없는 사람일지 모른다는 생각이 들었다. 어쩌면 이 사람은 자신의 옆에 그런 장벽이 존재하지만 아무것도 느끼지 못한 채 그 주변을 걷고 있는지 모르겠다. '최악의 경우'라는 시나리오가 누군가에게는 전혀 다르게 받아들여질 수 있는 현실임을 알지 못한 채 말이다.

그사이 유명해진 미국의 작가 데이비드 포스터 월리스David Foster Wallace의 유비類比는 언어와 그 위력이 나에게 무엇을 의미하는지 생생하게 묘사하고 있다. "어린 물고기 두 마리가 헤엄치며 가다가 우연히 반대 방향으로 가고 있는 늙은 물고기를 만났다. 늙은 물고기가 어린 물고기들에게 가볍게 고개를 까딱이고 인사하며 이렇게 말했다. '얘들아, 좋은 아침이구나. 물은 어떠니?' 어린 물고기들은 아랑곳하지 않고 계속 헤엄쳤다. 그러다가 한 물고기가 이렇게 물었다. '도대체 물이 뭐야?'"[20]

　　백과사전, 품사, 시제 등 모든 면에서 인간에게 언어는 물고기에게 물과 같은 존재다. 언어는 우리가 완전히 알지 못한다고 할지라도 우리를 형성하고 표현하는 생각과 삶의 소재다. 내가 이것을 깨달을 때, 내가 인식의 한계를 느낄 때, 비로소 내 안에서 겸허함이 싹튼다. 제한된 관점으로만 세상을 바라보던 나에게 세상에 대한 겸허함이 자라난다. 나는 이러한 한계가 존재한다는 사실을 깨닫게 되어 감사할 따름이다. 나는 이러한 한계를 변함없는 전제와 가정으로 간직한 채 세상을 헤쳐 나갈 수 있길 소망한다. 우리는 한계를 깨달음으로써 무지하게 전제로 삼았던 것들을 상대화할 수 있다. 우리가 보편적이라고 가정했던 것들, 이런 것들은 우리에게 존재하는 한계에 불과하다고 정의할 수 있다.

　　하지만 내 인식의 한계는 나를 움직이는 원동력이기도 하다. 한계는 내가 얼마나 더 배우고, 흡수하고, 이해할 수 있는지 확실하게 알려준다. 언어가 근본적으로 세계에 대한 우리의 관점의 방향을 정하고 침해하기도 하는 것이라면, 언어는 진부한 것도, 정치적 논쟁의 부속 무대도 아니다. 언어가 우리의 생각과 삶을 이루는 소재라면 우리가 이러한 특징에 동의하는지 끊임없이 의구심을

언어는 나와 사회라는 존재의 집이다

품고 질문을 던져봐야 한다.

우리가 언어에 얼마만큼의 가치를 두고 있는지 관찰하면서 나는 깊은 깨달음을 얻었다. 우리가 언어의 한계 너머에 있는 관점들을 어떻게 다루는지. 학교에서 어떤 언어를 사용하길 원하고, 어떤 언어가 금기시되는지. 우리가 새로운 개념들로 인식을 확장시키는 언어들을, 인간을 비인간화하는 개념들을 어떻게 보아야 하는지 말이다.

언어가 지닌 힘은 막강하다. 그 힘은 책임을 의미한다.

나는 이 힘을 어떻게 다룰 수 있을까? 이 순간에 나는 현실에서는 튀르키예어 **아시치예트**^{aciziyet}가 존재하지 않는다는 사실을 깨달았다.

약함, 무기력함, 무능함. 아시치예트에 해당하는 독일어 표현을 찾으려고 번역기에 **아시치예트**를 입력했을 때 나온 검색 결과다. 사실 **아시치예트**에는 이보다 더 많은 의미가 담겨 있다. 이 단어는 내게 아래로부터 세상을 바라볼 수 있는 눈을 열어주었다. 완전히 밑바닥에서부터 말이다. 무력함과 무기력함을 느끼고, 가능성의 부재, 즉 어떤 일을 이룰 수 없음을 알아채고 견뎌내야 한다는 의미가 내포되어 있다. 하지만 **아시치예트**는 내게 부정적인 개념이 아니다. 이 개념은 독특한 자유와 연결되어 있다. **아시치예트**는 내가 처해 있는 상황을 분별할 수 있게 해준다. 해방된 관점에서 삶의 상황을 수용하게 해준다. 비굴한 열등감이 아니고 경외감에 넘치는 존중이다. 어쩌면 이것은 무가치함이 우리가 완벽하게 이해할 수 있는 작은 진실 가운데 하나라는 사실을, 분별력 있고 해방된 관점으로 인식하는 것인지 모른다. 이것이 우리의 **아시치예트**다.

언어가 우리를 위해 정상적인 기능을 할 때 우리는 생각의 소재를 감지하지 못하고, 우리 언어의 체계를 보지 못한다. 언어가 기능을 상실했을 때, 언어가 우리를 한계에 가둘 때 비로소 언어의 장벽과 한계를 느낀다. 결국 우리는 압박감에 시달린다.

언어가 나에게 더 이상 정상적인 기능을 하지 않는 순간, 나는 언어의 체계 안에서 인식하기 시작했다. 나는 무엇이 나를 편협함으로 몰아넣고, 무엇 때문에 내 안에서 질식할 것 같은 감정이 생기는지 깨달았다. 언어를 사용하는 사람들처럼 부유하면서 가난하고, 한계가 있으면서도 널리 펼쳐져 있고, 개방적이면서도 편견으로 가득 차 있는 것이 언어다.

문예학자이자 철학자로 홀로코스트 생존자인 조

지 스타이너^{George Steiner}가 1960년대에 이런 말을 했다. "모든 것은 잊힌다. 언어만이 잊히지 않는다. 한 번 허위, 거짓, 부정직에 감염된 언어는 가장 강력하고 온전한 진실의 힘을 통해서만 정화될 수 있다." 스타이너는 전후 독일의 언어를 꼬집어 말한 것이었다. 그는 이 과정이 생략되었음을 애석해하면서 독일어의 특징은 "왜곡, 위선, 의도적 망각"이라고 했다.[21]

물론 그는 언어 그 자체가 아니라 생각과 행동이 어떻게 표현되는지를 의미하는 것이었다. 언어와 정치적 비인간화 사이의 상호관계 말이다.[22]

언어와 정치적 비인간화의 상호관계는 이 책에서 내가 다루려는 주제다. 나는 우리가 어떻게 다르게 말할 수 있는지, 어떻게 해야 더 인간적으로 말할 수 있는지 살펴보려고 한다. 쿠르트 투홀스키^{Kurt Tucholsky}는 언어는 무기라고 했다. 그렇다. 언어는 무기가 될 수 있다. 화자들이 의식하지 못한 사이에 무기가 되는 때도 있다. 하지만 언어는 무기가 되어서는 안 된다. 언어는 도구가 될 수도 있다. 언어는 우리에게 밤의 어둠 속에서 환하게 달빛을 비추는 역할을 한다. 우리의 세계를 제한할 수 있지만 무한히 열어줄 수도 있는 것이 언어.

2장

우리에게는 다의성이,

모호성이 필요하다

우리에게는 다의성이 필요하고,
모호성이 필요하고,
언어 안에서 다르게 존재할 수 있는 자유가 필요하다.

외국어를 배우는 것은 다른 세계에도
지적인 피조물이 존재한다는 생각에
서서히 익숙해지는 것이다.
—타너하시 코츠^{Ta-Nehisi Coates}●

우리는 자신이 사용하는 언어 안에 존재할까? 두 가지 혹은 그 이상의 언어를 능숙하게 구사하는 사람들은 각 언어마다 다른 특성을 지니고 있다고 종종 이야기한다. 그것이 가능할까? 체코의 속담에도 있듯이 우리는 자신이 습득한 언어로 새로운 정신을 습득하는 것일까?

나는 3개 국어로 말하고 쓰고 생각하고, 4개 국어로 느낀다. 내가 말하는 속도, 톤, 감정 상태는 언어에 따라 달라진다.

나는 튀르키예어로 시를 쓴다. 튀르키예어로 기도를 한다. 튀르키예어로 운다.

태어나기 전부터 나는 튀르키예어의 울림에 익숙했다. 내 어머니, 내 아버지, 내 가족의 사랑을 받았던 그 언어, 처음 그 안에서 내가 사랑에 빠졌던 언어. 하지만 그 안에서 내가 읽고 쓰는 법을 배웠던 언어 말이다. 튀르키예어의 단어들은 나와, 늦은 밤까지 글을 읽고 쓰던 어머니의 세계를 이어주었다. 지금도 어머니는 자신의 감정, 생각, 고통으로 옷을 갈아입힌 시를 쓰고 이것들을 감추는 동시에 드러낸다. 나는 첫 소설을 튀르키예어로 썼다. 지금도 키보드로 몇 단어만 쳐도 내 몸과 정신을 움직이게 하는 언어가 튀르키예어다. 이제 튀르키예어 안에서 나는 아들을 사랑하고 아들에게 세상을 소개한다.

튀르키예어는 그 안에서 내가 안락함을 느끼지 못한다 할지라도 때로는 내가 도피처로 삼는 언어다. 물론 그 안에서 나는 완전한 존재로 존재할 수 없다. 튀르키예어는 내가 그 어두운 모퉁이와 경계로 결코 파고들 수 없는 낭만화된 장소다.

우리 할아버지가 처음 내 귀에 속삭였던 단어들은 아랍어였다. 이슬람교의 기도문을 외치는 **아잔**^{Adhan•}의 구절들이었다. 이 외침을 따라 하는 기도는 수십 년 후에야 그의 유족들이 무덤에 모였을 때 이 세상에 태어날 새로운 사람을 위해 행해진다. 탄생과 죽음을 하나로 통합시키면서 유한을 상징하는 이 첫 기도를 할아버지는 내 귀에 나지막이 속삭인 후 이름을 불렀다. 퀴브라^{Kübra••} 내 이

•   매일 일정한 시각에 담당 무슬림이 종탑 위에 올라가 메카를 향해 기립하여 큰 소리로 외치며 예배 시간을 알리는 것

••   고상한 것, 숭고한 것, 초연한 것이라는 의미의 튀르키예 여자 이름

름은 그렇게 불려야 했고, 그렇게 불렸다.

아랍어는 내 삶을 동행한 언어다. 나는 아랍어가 마음을 진정시키면서도 불안하게 만드는 멜로디가 있는 언어라는 걸 실감했다. 우리 어머니와 아버지의 낭독 소리는 우리 집의 공간들을 가득 채웠고 내게 보호받는다는 느낌을 주었다. 그렇게 아랍어는 내가 읽을 수 있는 제2의 언어가 되었지만, 나는 그 의미를 결코 진정으로 이해할 수 없었다. 아랍어는 그렇게 내 안의 깊은 곳에 갇힌 언어로 남았고 지금까지도 그렇다. 내가 느끼지만 완전히 이해할 수 없는 언어.

나는 주방 의자에 앉아 자신 있게 내 생애 첫 독일어 단어들을 말했다. 내가 초등학교에 입학하기 전 겨울날이었고 오븐에서는 밤이 노릇노릇하게 구워지고 있었다. **자동차**^{Auto}, **집**^{Haus}, **나무**^{Baum}. 당연히 독일어는 내게 가장 중요하고, 폭넓고, 양가감정兩價感情이 병존하는 안식처와 같은 존재가 되어야 했다. 독일어는 내게 크고 넓은 세계를 열어주고 독립심을 새롭게 심어주었다. 이 언어 안에서 나는 나 자신과 새로운 친구가 되었다. 독일어는 풍요로운 문학, 소설, 역사, 과거와 미래의 비전을 열어주는 열쇠였다. 독일어는 나와 낯선 것을 이어주었다. 다정한 것, 하지만 덜 다정한 것도 이어주는 끈이었다. 이제 나는 혐오하는 눈빛으로 내 얼굴을 쳐다보았던 사람들이 하는 말을 알아들을 수 있다. 의도치 않았지만 독일어는 이렇게 우리를 이어주었다.

나는 독일어로 배우고 깨우쳤다. 옳은 것과 그른 것, 빨간 줄과 난외 각주, 평가, 그리고 가장 좋은 것과 가장 나쁜 것이 있었다. 이 언어에서는 다른 사람들에게 낯설게 보이는 내 모국어는 금지된 것이었다. 마치 나처럼 말이다.

독일어로 나는 빨리 말하기 시작했다. 전보다 훨씬 빠르고 쫓기듯 조급하게. 내게 주어진 시간 속에서 나는 최대한 많은 것을 집어넣으려고 노력했다. 이야기하고 설명하기 위해서 말이다. 나는 이 언어 안에서 내 모든 존재와 함께 존재하기를 원했다. 그 안에서 내 자아를 실현하기를, 나로 존재하기를 원했다. 이번에는 도움닫기를 하고, 벽에 부딪혀 튕겨 나오고, 장애물에 걸려 넘어졌다가 다시 일어나고, 무너지고, 다시 일어났다. 되풀이하고 되풀이했다. 원칙에서 시작된 희망으로 말이다.

나는 이 언어로 생각할 때, 내 생각을 표현할 때, 바늘귀만큼이나 통과하기 어렵다는 점이 아쉬웠다. 모든 것을 표현할 수 있는 것, 그것은 내가 다른 언어에 할 수 없는 요구였다. 나는 독일어로 놀고, 싸우고, 독일어를 사랑하고 경외한다. 이 모든 것이 동시에 일어난다.

그리고 나는 독일을 떠났다. 이제 독일어에서 영어의 세계로 교체되었다. 영어를 할 때의 나는 더 여유로웠다. 영어가 내 어깨를 짓누르는 부담감은 더 적었다. 나는 자유로웠다. 나는 내가 말하는 것을, 나와 함께 생각하는 대상을 신뢰한다. 나는 언어로 간절하게 나를 이해시키려고 노력하지 않는다. 나는 생각이 숨 쉴 공간을 주고, 하필이면 내가 먼저 습득했던 언어로 물 흐르듯 시를 술술 써 내려간다. 단어 하나가 떠오르지 않을 때마다 생각해낸다. 한 언어를 다른 언어로 보완한다. 영어는 나에게 확장 가능한 언어다. 영어는 내게 자신에게 내맡길 것을 요구한다. 하지만 나는 영어에 그것을 필사적으로 바라지 않는다. 나는 영어에 이런 것을 갈망하지 않는다.

언어를 통한 포용. 내가 독일어에 바라는 것이다. 그래서 나는 독일어의 세계로 다시 돌아갔다. 나는 더 이상 독일어와 싸우지 않으려고 했다. 나는 그저 독일어 안에 있고 싶을 뿐이었다. 그래서 나는 독일어로 시를 쓰기 시작했다. 어떤 허락도 구하지 않고 독일어를 확장시키기 시작한 것이다. 대체 누구에게? 독일어는 **에마넷**emanet, 즉 대여품, 나에게 임시로 맡겨진 대상이 아닌 나의 일부다. 독일어는 이 언어를 말하는 다른 이들에게 그렇듯 나에게도 속해 있다. 하지만 내가 허락을 구한 후에야 그렇게 되었다.

> 튀르키예어가 나에게 사랑과 우울의 언어라면
> 아랍어는 신비롭고 영적인 언어,
> 독일어는 지성과 갈망의 언어,
> 영어는 자유의 언어다.

미국의 작가 줌파 라히리Jhumpa Lahiri에게 여러 차례 수상작을 안겨 준 언어인 영어는 이와는 정반대였다.

인도 혈통으로 미국에서 성장한 라히리는 그녀가 '언어적 망명' 상태에서 끊임없이 어떻게 살아왔는지 서술하고 있다. 그녀가 벵골어로 읽고 쓰는 법을 배우지 않았기 때문에, 미국인에게 벵골어는 외국어이기 때문에, 그녀의 모국어인 벵골어가 어떻게 외국어가 되었는지에 대해서 말이다. 학교에서 영어를 배웠고 다국어를 구사하는 많은 저자들처럼 벵골어와 영어의 관계에는 양가감정이 지배한다. 영어는 자신의 소속감을 관리하는 다수자의 언어였다. 라히리는 이렇게 쓰고 있다. "영어는 나의 모든 불안함의 근원인 소모적인 투쟁, 고통스러운 갈등, 끊임없는 좌절감과 동일시되는 언어다. 영어는 지배하고 해석해야 하는 문화를 대변한다. 영어는 내 과거에서 힘들고, 짓눌렸던 시간들의 일부다. 이런 경험은 그 정도로도 충분하다."[1]

그러다가 20대 후반에 그녀는 동생과 함께 떠난 피렌체 여행에서 이탈리아어에 매료되었다. 마치 그녀가 이 언어를 항상 동경해왔던 것처럼 말이다. 그녀는 이탈리아어를 배우기 위해 새로운 시도를 거듭했다. 몇 년 후인 40세 즈음 결국 그녀는 남편과 아이들을 데리고 로마로 이주했다. 라히리는 이탈리아어에 흠뻑 빠져들었고 이탈리아어로도 계속 글을 써야겠다고 다짐했다. 이탈리아어로 글을 쓸 때 자신은 더 터프하고, 더 자유로운 작가였다고 그녀는 말한다.

여러 언어를 구사하는 많은 작가들이 언어적 망명이 주는 느낌과 언어를 풍성하게 만들 수 있는 가능성에 대해 다루었다. 이란계 독일인 작가 나비드 케르마니Navid Kermani는 이렇게 쓰고 있다.

나는 독일어로만 숨 쉬고, 독일어로만 문장을 만들 수 있다. 독일어는 페르시아어와 다르다. 독일어는 나에게 친숙하고, 감정적으로도 더 가까운 듯하지만, 오래전부터 내 손 안에 있는 언어는 아

우리에게는 다의성이, 모호성이 필요하다

43

니다. 나는 나만의 언어를 창조할 수 있을 만큼 이 언어를 탁월하게 다루지 못한다. 때로는 이것이 나에게는 도움이 되기도 한다. 나는 곳곳에서 독일어를 확장시키고, 문장을 만들 수 있기 때문이다.[2]

뮤지션 오네지루^{Pielina Wanjiru Schindler}는 케냐에서 성장해 13세에 독일로 왔다. 케냐의 학교에서 그녀의 모국어인 키쿠유어와 스와힐리어는 줄곧 무시를 당했다. 그곳에서는 공용어인 영어만 사용해야 했다. 그녀와 다른 사람들이 모국어로 말했다는 사실이 발각되면 벌을 받고 심지어 매를 맞을 때도 있었다. 그녀에게 영어는 감옥과 같은 존재가 되었다. 그러다 케냐를 떠난 후 배운 독일어는 그녀에게 자유의 언어가 되었다. 독일어로 그녀는 자신의 성^性을 발견했고 자신이 여성이라는 사실을 깨달았다. 독일어 안에서 그녀는 성장했다. "내 모국어 안에서 나는 여전히 13세 소녀예요." 그녀는 나에게 이렇게 말했다. 누군가 스와힐리어나 키쿠유어로 성에 대한 이야기를 하면 지금도 그녀는 얼굴이 붉어진다고 한다.

그녀는 키쿠유어, 스와힐리어, 독일어, 영어, 프랑스어, 이른바 제1 언어, 고상한 식민지의 언어들로 노래를 한다. 각 언어로 자신만의 특별한 경험을 표현할 수 있다. 이 언어들 중 하나만 없어도 그녀는 존재의 일면이 부족하다고 느낀다. 이 중 한 언어만 사용해야 한다면 그녀는 자신이 존재할 수 없을 것이라고 말한다.

카를 5세에 대해 전해 내려오는 인용구가 있다. "나는 스페인어로 하느님께 기도하고, 연인과는 이탈리아어로 속삭이고, 친구들과는 프랑스어로 대화하고, 말하고는 독일어로 이야기한다."[3] 진위 여부에 대한 논란이 많지만, 언어의 보편성과 유용성에 관한 질문을 잘 표현한 문장이다.

튀르키예의 소설가 엘리프 샤팍Elif Şafak은 종종 먼저 영어로 집필을 하고 튀르키예어로 번역한 다음, 이를 바탕으로 다시 영어로 번역하고 수정을 위해 새로 글을 쓴다고 한다. 그녀는 튀르키예어로 우울과 슬픔의 감정을 더 잘 포착하고, 영어로는 유머와 냉소, 풍자, 모순 등을 잘 잡아낼 수 있다고 말한다.

나는 튀르키예어와 영어 사이를 오갈 때마다 직역할 수 없는 단어들에 유의한다. 나는 단어와 의미뿐만 아니라 빈자리와 공백에 대해서도 생각한다. 신기하게도 나는 종종 거리두기를 통해 목표에 더

가깝게 다가갈 수 있다는 걸 수십 년에 걸쳐 확인
할 수 있었다. 누군가 한발 물러서면 그가 무엇을
신경 쓰고 있는지 더 확실하게 깨닫는다. 내가 영
어로 표현할 때 나와 튀르키예어의 사이는 멀어지
는 것이 아니라 오히려 더 가까워진다.

모든 새로운 언어는 더 넓은 존재를 위한 공간이
다.

우리가 살고 있는 세기는 한 개 이상의 언어를 말
하길 꿈꾸는 자들의 세상이다. 우리가 한 개 이상
의 언어를 말할 수 있을 때, 우리의 뇌가 이러한 다
양성에 완전히 맞춰져 있을 때, 한 개 이상의 언어
를 원하는 우리는 그 언어들로 글을 쓸 수 있다.[4]

튀르키예 출신의 작가 에미네 세브기 외츠다마르^{Emine Sevgi}
^{Özdamar}도 케르마니와 샤팍처럼 자신이 글을 쓰는 데 사용
하는 언어에, 자신이 생각하는 데 사용하는 언어를 스며
들게 하여 언어를 확장시키려는 시도를 한다. 그녀는 장
난스럽고, 자유롭고, 대담하고, 자신감 있고, 쉽게 튀르키
예어를 통해 독일어를 확장시킨다. 나는 그녀의 언어가
행하는 세련미와 무중력 상태, 단호함에도 감탄한다. 그
녀의 언어는 자신에게 필요한 자리에 있다. 자신의 소설

인 《황금뿔의 다리 Die Brücke vom Goldenen Horn》에서 에미네 세브기 외츠다마르는 공장 노동자로 일하는 튀르키예 혈통의 독일인 여성이 순결함의 상징인 '다이아몬드'를 잃으려고 하는지 이야기한다. 튀르키예어와의 관련성을 만들어낼 수 없는 사람에게 수십 페이지에 담겨 있는 그 의미는 비밀로 남아 있다. 이것이 단순히 처녀성을 잃은 것에 불과했다 할지라도 그녀는 여주인공의 갈망을 감정적으로 훨씬 더 정확하게 표현하는 데 성공했다. 왜냐하면 그녀의 표현이 담고 있는 것은 상징적 '처녀막'에 덧입혀진 짐이었기 때문이다. 그리고 이로써 그녀의 소설 속 인물은 첫 경험에 바라는 기대로부터 해방된다.[5]

우리가 한 언어, 이른바 주류 사회의 언어를 학교에 들어가서 배울 경우, 우리의 모국어가 다른 사람들에게 낯익지 않을 경우, 우리는 그 공간에 이방인으로 발을 들여놓는다. 이 언어는 타인의 언어이지 우리의 언어가 아니다. 우리는 이 언어를 습득하고, 능숙하게 구사하고, 이 언어로 소통하기 위해 안간힘을 쓴다. 언젠가 우리는 이 언어를 완벽하게 익히리라. 언젠가 우리는 이것이 우리의 언어라고 느끼리라. 우리에게는 독일어만큼 능통하게 구사하는 언어도 없다. 그리고 우리는 이 언어에 능숙하다고 항변해야 한다.

다양한 언어 속에서 살아가는 우리 아이들은 우리 사회를 관통하고 있는 장벽을 본다. 이 장벽은 대부분의 사람들이 우세한 언어를 사용하고 있다는 것이다. 두 개 이상의 언어를 사용하는 우리 아이들은 어린 시절부터 배운다. 이 장벽을 따라가고, 장벽을 넘고, 때로는 장벽의 정중앙으로 이동해야 한다는 사실을 말이다.

우리는 장벽의 양쪽에서 살며, 이쪽저쪽 왔다 갔다 하기도 하고, 간혹 이쪽에 있는 사람들이 다른 쪽에서 일어나는 일을 보기도 한다. 반대로 저쪽에 있는 사람들이 이쪽에서 일어나는 일을 볼 수도 있다. 우리는 여기에서 저기로 사물을 운반하고, 달리고, 설명한다. 언젠가는 지치기 마련이다. 물론 우리는 양쪽을 오가야만 완벽한 상태로 존재할 수 있다는 사실을 안다. 우리 모두에게 **존재하기** 위해 언어가 필요하다는 사실을 안다. 그렇게 우리는 언어들을 열어가고 그 안에서 살아간다. 언어들을 무리하게 잡아당긴다. 언어가 우리를 포용할 수 있도록 확장시키거나 숨 가쁘게 먼 곳을 찾기 위해 우리에게 언어들 속으로 들어가라고 강요한다.

우리에게는 다의성이 필요하고, 모호성이 필요하고, 언어 안에서 다르게 존재할 수 있는 자유가 필요하다.

이와 동시에 원어민과 차이 나지 않게 말할 수 있

는 능력, 문법 정복, 억양 없는 발음이 소속감을 결정한다.

　"내가 부주의하게 문법적 실수라도 저지르면 마치 나의 모든 지적 능력에 문제가 있다는 취급을 받죠." 법학을 전공하는 한 여대생이 자신이 대학에서 겪었던 경험을 털어놓았다. 튀르키예어는 그녀의 모국어다. 그녀는 학교에 들어가서 독일어를 배웠지만 얼마 지나지 않아 자신이 속한 학년에서 전교 1등을 했다. 하지만 대학에서는 쉬운 문법 규칙들도 틀리는 소수의 유색 인종 학생 중 한 사람으로서 불안감에 시달렸다. 이제 그녀는 침묵하는 편을 선호한다고 말했다.

　소외된 사람들에게는 말할 때 문장, 생각뿐만 아니라 소속감의 문제도 중요하기 때문이다.[6]

우리에게는 다의성이, 모호성이 필요하다

> 모든 사람은 다양한 언어를 구사하고
> 개인의 자아실현이나 사회적
> 이동성에 적절한 언어를
> 알고 사용할 권리가 있다.
> —언어법 선언

외국어라고 다 같은 외국어가 아니다. 이중 언어라고 다 같은 이중 언어가 아니다.

당신은 이중 언어를 생각할 때 어떤 언어들이 떠오르는가? 독일어와 프랑스어? 독일어와 영어? 독일어와 중국어? 대부분은 경력, 비즈니스계, 직장 생활에 도움이 되는 언어, 즉 선망을 받는 언어를 떠올린다.

당신은 독일어와 튀르키예어의 조합을 생각했는가? 아니면 독일어와 아랍어? 독일어와 루마니아어? 독일어와 폴란드어? 독일어와 스와힐리어? 독일어와 쿠르드어?

영국 언론에서 케이트와 윌리엄의 딸 샬럿 공주가 두 살 때 스페인 출신인 보모와 스페인어로 재잘거리는 모습이 포착되자, 황색 신문인 〈더 미러The Mirror〉는 "샬럿 공주, 두 살에 벌써 2개 국어를 하다"[7]라는 제목의 기사를 냈다. 영어 외에 스페인어나 프랑스어가 아닌 우르두어, 힌디어, 폴란드어를 이중 언어로 사용하며 성장하는 수많은 영국인들이 있다. 그들은 신문에서 두 살배기 소녀가 2개 국어로 몇 마디를 한 것이 대단하다고 극찬할 일인지 의아해한다.

당신의 모국어가 영어, 프랑스어 혹은 스페인어일 경우 당신이 이 언어를 독일인인 자녀에게 가르치지 않는다면 다른 사람들로부터 이해받지 못하고 비판받을 각오를 해야 한다. 다른 가정의 자녀들은 이런 외국어들을 습득하기 위해 비싼 어학연수를 받고, 해외에서 시간을 보내고, 학교에서 추가 과목으로 선택한다. 이런 언어들, 소위 선망을 받는 언어는 직장 경력에 중요하다고 여겨진다. 여러 개의 선호 언어를 구사하는 능력이 지적 능력, 언어적 재능, 높은 인지적 능력을 갖추고 있다는 징표로 간주되는 것이다.

독일 아이가 제2외국어나 제3외국어로 루마니아어, 폴란드어, 튀르키예어, 쿠르드어, 보스니아어, 아랍어, 페르시아어, 타밀어, 하자라어, 말레이어, 줄루어, 욜라어*를 한다면 언어 능력이 탁월하다는 증거일까? 이러한 언어 구사 능력이 이 아이에게 장점이 되고 사람들에게 인정받을 수 있을까? 이 언어들을 이력서에 언급해야 할까?

내가 열네 살이었을 때 학교에서 장래 희망 직업에 대한 이야기를 나누고 실습 지원서를 작성했다. 당시에 나는 이미 소아과 의사가 되겠다는 결심이 확고했고, 소아과 병원에 실습 신청을 했다. 그래서 나는 열심히 살았고 지금까지 그런 삶을 반복해왔다. 내 가족, 초등학교, 김나지움. 나는 미술 대회와 운동 경기에서 괜찮은 성적을 받았다. 그리고 나는 선생님이 나눠준 이력서 작성 지침에서 '어학 능력'을 기입하는 칸을 보았다. 나는 컴퓨터

• 　아일랜드에서 쓰이던 언어로, 앵글어에 속하며 현재는 사멸되었다.

로 독일어, 영어, 라틴어를 타이핑했다. 튀르키예어? 내 모국어도 어학 능력란에 적어야 할까?

아니야. 튀르키예어는 여기에 포함되지 않는다는 사실을 나는 직감적으로 깨달았다. 초등학교에서 선생님이 나에게 했던 말이 떠올랐다. "여기에서는 튀르키예어를 사용하지 않아." 튀르키예어는 이민자들의 언어였다. 튀르키예어를 배우지 않는 사람은 튀르키예어를 잊게 된다.

우리 어머니는 시를 좋아했다. 나의 남자 형제들 중 한 명은 튀르키예의 유명한 시인의 이름을 따서 메흐메트 아키프 에르소이^{Mehmet Akif Ersoy}라고 이름이 지어졌다. 어릴 적에 나는 어머니가 가르쳐준 튀르키예어 시를 가족 모임에서 낭독했다. 나는 유치원에 가기 전에 튀르키예어를 읽고 쓰고, 아랍어를 읽고 낭독할 수 있었지만 학교나 어떤 곳에서도 이 언어들에 관심을 보이지 않았다.

사람들이 이런 다국어 구사 능력을 있는 그대로, 소중한 보물로, 사회를 풍요롭게 하는 것으로 인정해주었더라면 어땠을까? 이러한 언어 및 문화적 다원성이 장려되었다면, 이러한 아이들의 능력이 결핍으로 간주되지 않았더라면 어땠을까?

우리가 학교에서 괴테와 실러 외에도 에미네 세브

기 외츠다마르, 나치크 알-말라이카^{Nazik al-Mala'ika}, 마야 앤
절로^{Maya Angelou}, 오르한 파묵^{Orhan Pamuk}, 하페스^{Hafes}, 오드리 로
드^{Audre Lorde}, 엘렌 쿠츠와요^{Ellen Kuzwayo}, 노에미 데 수사^{•Noémi de Sousa}를 읽었더라면, 사람들이 선망하는 언어가 포함되
지 않은 이중 언어를 구사하던 내 동급생들은 어떻게 컸
을까? 이 아이들의 이중 언어 구사 능력이 단점이 아니라
미래의 잠재력으로 간주되었더라면 어땠을까?

어쩌면 이들이 평생 낙인처럼 달고 다녀야 하는
인종적 혈통에서 그 누구도 실패의 이유를 찾지 못할 수
도 있다. 어쩌면 이들은 새로운 유형의 독일의 자아상을
찾을 수 있을지 모른다. 비독일 문화와 언어를 포함할 수
있는 자아상 말이다. 어쩌면 이들은 자신이 소중한 존재
라고 느꼈을지도 모른다.

그렇다면 우리는 여기에서부터 시작해야 하지 않
을까?[8]

우리 존재의 특성을 듣고 느낄 수 있는 언어를 더 이상 말
할 수 없다면 우리에게 무슨 일이 벌어질까?

"Min vê sondê ji bo gelê Kurd û gelê Tirk xwend."
1999년 11월 6일 갓 선출된 국회의원 라일라 자나^{Leyla Zana}
는 튀르키예 의회에서 이 발언으로 연설을 마쳤고, 그 자

•　　모잠비크 출신의 시인으로 포르투갈어로 글을 썼다.

리에 있던 다른 국회의원들의 야유와 욕설을 자아냈다. 그녀가 쿠르드어로 외친 문장은 "형제 관계인 튀르키예-쿠르드 만세!"였다. 그것도 쿠르드족 행동주의자들이 투옥되어 고문을 받고, 쿠르드족 출판사들이 폐쇄되고, 쿠르드족 국민들이 무고한 사망자들을 애도하던 시기에 말이다. 그녀의 발언은 낙인과 금지 저편에 있는 사람들을 가시화한 평화적이고 상징적인 행위였다. 3년 후 라일라 자나는 이 일로 15년 형을 선고받고 수감되었다.[9]

그녀가 **무슨** 말을 했는지가 아니라 쿠르드어로 말했다는 **사실이** 문제였다. 민족국가를 이상으로 삼는 튀르키예 공화국이 건설되면서 튀르키예 지역에 살던 많은 민족들이 **한 민족**으로 통합되고 튀르키예어가 표준어로 선포되었다. 그 결과 그리스어, 쿠르드어, 체르케스어*, 유대-스페인어와 같은 인종적 소수 집단의 언어들이 탄압을 받았다. 이 정책은 지금까지도 계속되고 있다. 심지어 일시적으로 쿠르드어로 말하는 것이 법으로 금지되어, 쿠르드족들은 집에서조차 모국어 사용을 기피할 수밖에 없었다.

쿠르드-알레비파, 튀르키예 혈통의 시인 베잔 마투르Bejan Matur는 자신의 저서 《산들이 줄지어 바라보다Dağın Ardına Bakmakk》에서 지하 테러리스트 조직과 연결된 쿠르드

• 러시아 남부 북캅카스와 흑해 연안 지역에 살던 체르케스인의 언어

족들과의 대화를 기록했다. 튀르키예의 남동부 지방 아디야만^{Adiyaman} 출신의 페르하트와 같은 사람들의 전기적 보고에서 모국어 사용 금지는 항상 고통스러운 순간으로 기억된다.

> 몇 년 후 기숙사에서 (페르하트는) 어머니와의 전화 통화 내용을 보고했다. 몇 달째 그는 어머니로부터 소식을 듣지 못했다. 그의 어머니가 드디어 면장의 집에 있는 전화로 그에게 전화했을 때 전화를 연결해준 여자가 대화를 중단시키고 이렇게 말했다. "당신은 금지된 언어를 사용하고 있습니다. 당신이 계속 이 언어를 사용하면 전화 연결을 끊을 것입니다." 페르하트는 계속 말했다. "지금 당신이 무슨 말을 하고 있는지 모르겠습니다." 잠시 생각을 하다가 나는 깨달았다. 그렇다. 금지된 언어는 쿠르드어였다! 그 여자는 한 번 더 전화박스의 문을 열고 이렇게 말했다. "당신은 지금 금지된 언어를 사용하고 있습니다. 이제 연결을 끊겠습니다." 눈물이 왈칵 쏟아졌다. 나는 어머니에게 어떤 상황인지 설명하려고 했지만 전화 연결이 끊겼다. 나는 울었다. 너무 화가 나고 속상했다."[10]

언어는 튀르키예에서 오랫동안 많은 논쟁이 있었던 정치적 쟁점이었다. 민족국가를 건국한 무스타파 케르말 아타튀르크^{Mustafa Kemal Atatürk}는 1928년 위로부터의 '문자 개혁', 즉 '알파벳 혁명'(하르프 데브리미 ^{harf devrimi})을 추진하며 오스만투르크어•에 사용했던 아랍 알파벳을 폐지하고, 라틴 알파벳을 도입했다. 하루아침에 수천 명의 학자들이 문맹이 되었고, 이에 대한 비판은 지금까지도 계속되고 있다. 반면 문자 개혁이 튀르키예어를 폭넓은 대중이 접근할 수 있는 간소화한 언어로 발전시키고 문맹률을 높였다고 주장하는 사람들도 있다. 아무튼 문자 개혁의 결과, 현재 많은 튀르키예 젊은이들이 선조들의 문자를 원본으로 읽을 수 없게 되었다. 저 멀리 **구르베트**에 살고 있는 나도 우리 고조할아버지의 기록을 읽을 수는 있지만 무슨 뜻인지 거의 이해하지 못한다. 이렇게 나에게까지 과거와 현재 사이의 깊은 골이 뻗쳐 있는 것이다.

미국의 생물학자 로빈 월 키머러^{Robin Wall Kimmerer}도 선조들의 언어를 배우려고 어학 코스를 다닐 때 이와 유사한 상황이었고 골은 훨씬 더 깊어지고 있었다. 키머러는 오클라호마에 행정 소재지를 두고 있는 북아메리카의 토착 민족, 즉 포타와토미 시민^{Citizen Potawatomi}이다. 그녀의 할아버지는 아홉 살 때 수천 명의 다른 토착 민족 아이들

• 　오스만 제국 시대, 특히 이스탄불 정복 후 대제국으로 확대되는 시기에 사용되었던 언어를 말한다.

처럼 가족과 헤어져, 수년 동안 기숙사에 머무르며 강제 동화를 당했고 모국어를 사용하지 못했다. 현재 북아메리카의 많은 토착 언어들이 포타와토미어처럼 사라질 위기에 처해 있다. 수업이 끝날 때 포타와토미어를 할 줄 아는 사람들이 그 자리에 전부 참석한다는 소식을 듣고 키머러는 어학 코스에 대한 기대감으로 완전히 들떠 있었다고 썼다. 그리고 그들이 왔다. T자형 지팡이와 보행 보조기, 휠체어에 의지해서. 키머러는 참석자 수를 세어보았다. "아홉 명이었습니다. 포타와토미어를 유창하게 할 수 있는 사람은 아홉 명뿐이었습니다. 전 세계에서 말이죠. 수천 년에 걸쳐 발전해온 우리 언어를 구사할 수 있는 사람이 겨우 아홉 명이었습니다. 천지만물을 찬양하고, 역사를 이야기하고, 우리 조상들이 아이를 흔들어 잠재울 때 말했던 단어들이 죽음을 앞둔 아홉 명의 노인들의 입술에서만 나오고 있습니다."[11]

그 자리에 참석한 한 할아버지는 아이들이 끌려갈 때 어머니가 자신을 어떻게 숨겼는지, 자신이 어떻게 '포타와토미어 보유자'로 남게 되었는지 이야기를 풀어놓았다. 그는 원을 가리켰다. "우리는 깃대의 끝에 있습니다. 우리가 마지막 남은 자들입니다. 젊은이들이 우리 언어를 배우지 않으면 언어는 죽습니다. 선교사들과 미국

정부가 결국 승리하는 것입니다." 그리고 키머러는 한 할머니가 마이크 가까이에 갈 수 있도록 보행 보조기를 밀어주었다. "사라져가는 것은 단어뿐만이 아닙니다. 언어는 우리 문화의 가장 내적인 요소입니다. 이 언어는 우리의 생각, 우리가 세계를 바라보는 방식을 담고 있습니다. 이 언어는 너무 아름다워서 영어로는 이해할 수 없습니다."[12]

어떤 언어를 사용하지만 **화자**처럼 보이지 않는 사람들이 있다. 이들에게 무슨 일이 벌어지고 있는 것일까? 1924년 유대계 독일인 저널리스트이자 출판업자인 쿠르트 투홀스키는 이그나츠 브로벨Ignaz Wrobel이라는 가명으로 튀르키예 남자와 파리에서 만났다. 이 남자는 프랑스어, 영어, 독일어를 유창하게 구사했다. 투홀스키는 이렇게 썼다. "이 남자는 독일어로 오래 대화할수록 점점 조심성이 없어졌다. 그러다가 문득 이런 생각이 들었다. 내가 이런 말을 어디서 들어봤지? 이 남자가 대체 어느 나라 말을 하고 있는 것이지?" 투홀스키는 그가 비음을 발음하는 스타일, 어미를 삼키듯 말하는 방식에 대해 "입을 벌린 보람이 없는, 게으른 경멸에서 오는 음색"이라고 묘사했다. 그러다가 그는 이 남자가 튀르키예 군대에서 통역관으로 독일어를 배웠다는 사실을 알게 되었다.

> 이 행복한 문법 교사는 베일을 쓰고 있다가 독일
> 어를 통해 모습을 드러냈다. 높은 깃의 옷에 외알
> 안경을 쓰고 살짝 홍조를 띤 얼굴로 앞주머니에는
> '하렘들'의 주소를 넣고, 독일, 오스트리아, 튀르키
> 예 훈장과 역 전체에서 가장 좋은 것들로 치장을
> 하고 말이다.

"그 튀르키예 남자Der Türke"는 일반적인 독일어가 아닌, 독
일의 군 지도부에서 사용하는 독일어를 하고 있었던 것
이다. 불합리하고 코믹하고 비극적인 상황은 투홀스키가
말을 걸었던 군인의 문장에서 상징적으로 나타난다. "튀
르키예 놈Der Kümmeltürke•, 들어와 번역이나 해!"[13]

독일어는 나의 언어이기도 할까? 독일어가 나를, 나와 비
슷한 처지에 있는 사람들을 화자에 포함시키고 있을까?
　이 질문에 대한 답은 독일어를 말하는 사람들의
다양성, 풍부한 특성, 복잡성이 현재 이들이 말하고 있는
언어에 포함되어 있지 않다는 통찰에서 시작된다. 이런
사람들은 독일어를 하지만 **자신들의** 관점이 담긴 독일어

•　현재는 인종 차별적인 표현이다.

를 사용할 수 없다.

이들을 한 단어로 표현하면 이방인Fremde이다.

이들은 이방인이 아닐지라도 스스로 이방인이라고 느끼고, 독일어로 말하지만 독일 사람들과는 다른 존재들이다. 집에서 독일어 외에 다른 언어를 사용하지 않을지라도 말이다.

우리 이방인들은 우리를 화자로 보려 하지 않는 언어 속에서 성장한다. 우리의 관점이 나타나지 않고, 우리에 **대해** 말하는 사람들의 관점만 나타나는 언어 속에서 말이다. 그 안에는 우리를 범주화하고, 경계를 긋고, 구분하려는 세력이 있다.

자신의 고국인 미국에서 이런 경우에 해당했던 아프리카계 미국인 작가 제임스 볼드윈James Baldwin은 1948년 '흑인 작가'[14]로만 존재하지 않기 위해 파리로 '자진 망명'했다. 그는 많은 글에서 이런 문제를 다루었다. 화자에게 굴욕감을 주고 비인간화하면서 존재의 일면을 제한하는 사회에서, 그러한 언어 안에서 어떻게 말하고 글을 쓰는가? 영어는 볼드윈의 모국어였지만 그 언어 안에서 그는 존재할 수 없었다.

영어는 어떤 방식으로도 내 경험을 반영하지 못한

다는 것이 문제다. 이제 나는 이 문제를 다른 관점으로 보기 시작했다. 어떤 언어가 내 언어가 아닐지라도 나는 그 언어 안에 존재할 수 있고 내 안에도 그 언어가 존재할 수 있다. 어쩌면 내가 이 언어를 사용하는 노력을 해본 적이 없는 것이 아니라 단지 언어를 모방하는 법을 배웠기 때문인지 모른다. 내가 인내심을 발휘해 스스로 그러한 경험을 하고자 노력한다면 이 언어로 충분히 내 경험의 무게를 담아 문장을 만들 수 있을지 모른다.[15]

볼드윈은 영어로 자신의 경험을 만들어냈다. 그는 과감하게 이 언어를 손질했다. 손님이 아니라 집주인으로서. 나에게는 독일어가 이러한 언어다. 독일어가 나의 언어가 아니라면 그 또한 나의 책임이다. 이 언어에 애원하고 부탁하는 대신 우리를 위한 공간을 마련해야 우리의 자리가 생긴다. 바로 지금 우리는 존재해도 될 순간을 기다려야 한다.

    이렇게 **단순한 것**이 나에게는 그 무엇보다 더 어려운 일이지만 말이다.

우리에게는 다의성이, 모호성이 필요하다

3장

누가 서술하고
누가 서술되는가?

누가 세상을 설명하는가?

누가 서술하고, 누가 서술되는가?

언어와 세계 사이에는 틈새가 있다.

세상에서 일어나는 모든 일이 언어로 표현될 수 있는 것은 아니다.

모든 사람이 자신이 말하는 언어 안에 존재할 수는 없다.

그가 언어를 충분히 정복하지 못했기 때문이 아니라,

언어가 모든 것을 담기에 충분하지 않기 때문이다.

내가 깨닫기 시작한 것은 (…)

이것이 언어를 형성하는 개념이라는 사실,

그리고 이것이 경험을 통제하는 언어라는 사실이다.

―제임스 볼드윈

이런 언어는 내가 이런 상황에서

확실하게 말할 수 있는 유일한 언어가 절대로 될 수 없을 것

이다.

-당신도 이해하겠지만-

삶에서도 죽음에서도 내게 말할 수 있는 권리가 주어진다면

유일하게 이 언어만 절대로 나의 언어가 될 수 없을 것이다.

실제로 이 언어가 나의 언어였던 적은 한 번도 없다.

―자크 데리다 Jacques Derrida•

언어와 세계 사이에는 틈새가 있다. **존재하는** 모든 일이 언어로 표현되는 것은 아니다. 세상에서 **일어나는** 모든 일이 언어로 표현될 수 있는 것은 아니다. 모든 사람이 자신이 말하는 언어 안에 존재할 수는 없다. 그가 언어를 충분히 정복하지 못했기 때문이 아니라, 언어가 모든 것을 담기에 충분하지 않기 때문이다.

　　이것은 이상한 일이 아니다. 우리는 이 독특한 상

징인 알파벳이 모여 단어가 되고, 단어가 조합되어 문장이 형성되는 것을 관찰함으로써 다른 세계로 빠져든다. 몸은 우리의 의자에, 침대에, 기차에 있지만 정신은 한 번도 존재하지 않았을지 모를 공간, 우리에게 괴로움과 기쁨을 주었던 이방인들의 삶과 머릿속에 있는 세계로 말이다. 언어는 이것을 할 수 있다. 물론 이러한 언어로 말할 수 없는 경우도 있다. 이 언어에 그만의 경험들을 담아낼 표현이 없기 때문이다. 다른 사람들이 그렇게 인식할 수 없는 경험들. 어쩌면 그가 한 번도 해보지 못한 경험들이기 때문에 그런지도 모른다.

영국의 철학자 미란다 프리커Miranda Fricker는 성희롱 사례의 폐단을 말할 수 없는 경우 어떤 결과가 나타날 수 있는지 보여주었다. 1960년대 미국에서는 '성희롱'이라는 개념이 아직 확산되지 않았고, 이 개념에 대한 사회적 합의도 없었다. 예를 들어 직장에서 성희롱은 플러팅flirting(연애 행각 혹은 시시덕거리기), 심지어 듣기 좋은 말처럼 보이기도 했다. 부하 직원에게 성희롱을 하는 상사는 자신의 행동에 대한 책임 의식도 없었고 사람들의 몰이해로 이득을 보았던 반면, 성희롱을 당하는 여직원은 앞날을 위해 자신이 당한 일을 입 밖으로 꺼내거나 조치를 취하지 않았다. 자신들이 당한 일은 없었던 일이어야 했다. 그러다 성희롱이라는 개념이 확산되고 사람들이 이해하기 시작하면서 폐단을 사회적으로 문제화할 수 있게 되었다.[1]

이러한 언어적 틈새 뒤에 숨겨진 무력함은 무한하다. 피해자들이 이 문제를 말로 표현하지 않을뿐더러 가해자들은 자신의 잘못을 인식하지 못한다. 그래서 많은 사람들이 성희롱의 부당함을 충분히 인식하지 못하고 있고, 피해자들은 부당해도 말하지 못하고 무기력하게 방치되어 있다. 다른 사람들의 눈에는 이들의 현실이 보이지 않는다.

독일도 마찬가지였지만 1963년 미국의 페미니스트 작가 베티 프리단 Betty Friedan이 《여성의 신비 The Feminine Mystique》[2] (독일에서는 1966년 《여성에 대한 망상 Weiblichkeitswahn》이라는 제목으로 출간되었다)를 발표했을 당시, 미국의 여성지기사의 대부분은 남성들이 썼다. 남성들은 여성이 어떻게 살고 자신에 대해 어떻게 느껴야 하는지 묘사하고 규정했다. 남성들이 '여성'에 대한 학계의 관점을 지배했고, 여성의 심리, '히스테리', 존재, 능력, 약함, 숙명에 관한 이론을 발전시켰다. 쉽게 말해 미국의 교외에 사는 '착한' 백인 여성이라는 대중적 이미지가 어머니와 가정주부의 역할에서 만족감을 얻고 '완벽한 삶'을 누린다고 규정했다.

베티 프리단이 자신의 저서를 통해 이러한 남성 중심적 관점의 여성상에 반발하게 된 계기는 추상적인 관찰뿐만 아니라 어머니, 아내, 직장인으로서 세 가지 역할을 동시에 감당하며 느꼈던 불편한 마음이었다. 그녀는 이러한 불편한 마음 뒤에 숨겨진 구조를 알아내기 위해 200명의 여성을 인터뷰했고, 자신과 이러한 백인 여성들을 교외로 이끈 이 생활에 '근본적으로 왜곡된' 무언가가 있다고 결론을 내렸다.[3] 그녀는 이렇게 쓰고 있다. "우리가 체험하는 현실과 이를 충족시키기 위해 노력하는 상상, 즉 '여성성에 대한 망상'이라고 일컫는 상상 사이에는 미묘한 괴리가 있다."[4]

이러한 괴리를 언어로 표현하기 전에 그녀는 다음과 같은 상황들을 관찰함으로써, 소위 각 여성들이 느꼈던 개인적인 불행에서 그 구조와 표본을 찾아냈다.

1959년 4월, 나는 뉴욕 인근의 교외 주택 단지에 거주하는 4세 어린이의 엄마가 네 명의 가정주부들과 커피를 마시면서 절망적인 말투로 '그 문제에 대한' 대화를 나누는 모습을 지켜보았다. 정확하게 표현하지 않아도 그 자리에 있던 다른 여자들은 그녀가 남편, 아이, 집에 관한 문제를 말하는 것이 아니라는 사실을 알았다. 갑자기 이들은 모두가 같은 문제, 이름도 없는 존재임에 자신들이 괴로워하고 있다는 사실을 깨달았다(……). 한참 후 이들은 유치원에서 아이들을 데려와 낮잠을 재우려고 집으로 돌아갔고, 그중 두 여자는 후련한 마음에 눈물을 흘렸다. 혼자만 그런 생각을 하고 있었던 게 아니라는 사실을 그제야 깨달았기 때문이었다.[5]

이러한 여성들에게는 왜 이름이 없었던 것일까? 호주의 페미니스트 학자 데일 스펜더Dale Spender가 표현했듯이, 사물에 이름을 붙이고, 사건을 분류하고, 삶에 의미를 부여하는 것은 "남성들의 영역에 해당하는 일이었고, 이들의 권력을 이루는 근본적인 요소였다."[6] 누가 세상을 설명하는가? 누가 서술하고, 누가 서술되는가? 누가 이름을 붙이고, 누구에게 이름이 붙여지는가?

> 우리가 개개인의 시각에 대한
> 절대화를 허용하면
> 다른 사람의 언어를 통치하려는
> 시도를 한다.
> ─로베르트 하베크Robert Habeck•

• 독일 부총리 겸 경제·기후부 장관

한 스페인 남자가 멕시코 항해에서 항로를 이탈해 함부르크 항구에 도착했다. 실제로 그가 직접 함부르크를 '발견했다'. 그런데 이제 함부르크 '발견'이 개인사가 아니라 세계사에 기록되는 순간이 된다고 상상해보자. 그가 함부르크에 도착하기 전 그곳에는 마치 역사도, 삶도, 전통도 존재하지 않았던 것처럼 여겨진다. 이 '발견' 이후 함부르크 시민들이 대량으로 학살되고, 소유물을 강탈당하고, 저항함에도 불구하고 '멕시코인'이라고 불려야 하는 상황을 상상해보자.[7]

이것은 무시, 폭력, 살인, 식민지 통치의 관점을 고집하는 것과 다를 바 없다. 우리가 미국의 토착민을 '인디언'이라고 표기하거나 니그로Negro라는 표현을 옹호하는 것과 다르지 않다. 식민주의자, 노예무역자, 비인간화의 관점을 고수하고 있는 것이다.

인간을 상대방이 원하는 관점에서 표기하는 것은 공손함에 관한 문제가 아닐뿐더러, 정치적 올바름이나 진보적인 태도의 상징도 아니다. 이것은 단순히 인간적인 태도에 관한 문제다. 나는 다른 사람들이 다르다고 이름 붙이길 거부하면 그렇게 하지 않는다. 나는 그들의 관점을 억압하지 않는 대신 이러한 관점을 수용할 공간을 준다.

이 세상을 보는 관점은 매우 다양하다. 인구만큼이나 많다. 당연히 각각의 관점에는 한계가 있다. 누구나 편견에 붙들려 있고 자신의 경험을 통해 생긴 경계가 있다. 하지만 백인 유럽인이나 북아메리카인과 같은 특정인들의 관점에만 특권이 주어진다면, 이들의 제한적인 관점이 헤게모니를 요구할 권한을 얻는다면, 이와 다른 관점과 경험은 유효성을 요구할 수 없게 된다. 이런 관점은 존재하지 않는 것이나 다름없다.[8]

하지만 지배적인 관점과 소위 보편성의 배경을 따져보고 이의를 제기하는 순간 전율하게 된다. 맨스플레인Mansplain•, 알만Alman••, 나이 많은 백인 남자Alter Weißer Mann와 같은 개념들은 왜곡된 관점을 부추긴다고 하여 사람들의 반발을 샀다. 지배당하는 사람들이 지배하는 사람들의 이름을 짓는다. 이것은 중립적인 것으로 이해되는 관점이 얼마나 특수하고 억압적일 수 있는지 표현할 뿐만 아니라 책임 전가의 원칙을 설명하고 있다. 그래서 '나이 많은 백인 남자들'은 일률화한 전형으로 분류되었다. 이런 일은 아마 처음일 것이다. 자신들이 특권을 갖게 된 배경을 알려고도 하지 않은 채 특권을 쥐고 있는, 페미니스트와 반인종주의적 입장을 거부하는 자들의 전형 말이다.

• '남자man'와 '설명하다explain'를 합친 단어로, 어떤 분야에 대해 여성들은 잘 모를 것이라고 전제하고 남성들이 무턱대고 아는 척하고 설명하려고 하는 행위를 말함

•• 독일어권에서 자만심이 강하고 속물적인 백인 독일인을 비하하는 표현

이러한 표현들의 배경을 캔다고 갑자기 새로운 길이 확 열리는 것은 아니다. 하지만 도전의 불씨는 꺼지지 않고 있기 때문에 언제든 다시 타오를 수 있다. 수년, 종종 수십 년이 걸리기도 한다. 고요 가운데, 주목되지 않은 순간에, 은밀하게, 아는 자들만 알아들을 수 있게, 종종 장난, 농담, 웃음으로 포장되고 숨겨진 채로 말이다. 2013년 미국의 영화배우 세스 맥팔레인Seth MacFarlane이 오스카 시상식의 진행을 맡았다. 그가 '최고의 여배우' 카테고리에 노미네이트 된 여배우 다섯 명을 호명하자 박수갈채가 쏟아진 후 다시 조용해졌다. 그는 계속해서 멘트를 이어갔다. "축하드립니다, 다섯 명의 숙녀분! 더 이상 하비 와인스타인Harvey Weinstein(미국의 영화감독이자 영화 제작 프로듀서)의 매력에 빠진 척하지 않아도 되겠군요."[9] 4년 후인 2017년 10월, 더 많은 대중이 이 '농담'을 이해하기 시작했다. '미투#Metoo'[10]는 여성들이 숨겨왔던 성폭력 피해 경험을 당당하게 밝히게 된 계기였다.

인터넷은 침묵해왔던 사실을 당당하게 밝힐 수 있는 새로운 가능성을 열어주었다. 1963년 베티 프리단처럼 수백 명에게 일일이 의견을 묻지 않아도, 잠재적으로는 수백만 명의 사람들이 전에는 볼 수도 들을 수도 없었던 경험들을 공유할 수 있는 디지털 논쟁의 장이 생긴 것이다. 2013년 수천 명의 트위터 사용자들이 #Schauhin˙ 해시태그로, 일상에서 인종 차별을 당했던 경험을 공유했다. 난민 보호소 방화나 극우주의 테러가 아니라 일상, 학교, 대학, 직장, 대중교통, 방을 구하는 과정에서 겪었던 인종주의에 관한 내용들이었다. 일상에서 독일의 수천 명의 사람들에 의해 일어나는 일들이었다.

이런 경험을 했던 사람들은 어느 순간 이 일을 평범하게 받아들이게 되지만, 너무 자주, 너무 우발적으로 일어나는 일들이었다.

> 망명청의 남자 공무원(!)이 아프가니스탄 난민들을 '탈레반 불량배들'이라고 지칭했을 때 #Schauhin (@Emran_Feroz)[11]

> 할머니가 손자더러 더 하얘지라고 욕조에서 피부를 박박 문질러 닦았을 때 #schauhin (@Abrazo Albatros)

> #schauhin, 취업 면접에서 명예 살인과 강제 결혼이라는 주제를 언급하고, 자격 조건이 되지 않는다고 했을 때 (@NeseTuefekciler)

튀르키예 출신 여학생에게 남자 교사가 "너는 이 나라에서 손님이니까 처신을 잘해야 해"라고 헛소리를 했다. #SchauHin (@Janine_Wissler)

(아프리카계 독일인인) 내가 백인 어머니가 옆에 있는데 입양되어 '엄마'라고 부르는 것이 어떤지 질문을 받았을 때 #SchauHin (@afia_hajar)

교장 선생님이 (평균 점수가 가장 좋은) 나만 제외하고, 성적 우수자에게 대학 장학금을 제안했을 때 #SchauHin (@Elifelee)

열한 살 때 내가 "김나지움으로 진학하려고 해요"라고 말했을 때 여선생님이 큰 소리로 웃었을 때 #migrationshintergrund #geschafft #schauhin (@Poethix)

우리 할아버지와 할머니가 난민 신분으로 독일에 온 후, 사람들에게 폭언을 듣고 모국어로 말하지 않기 시작했을 때 #schauhin (@miinaaa)

슈퍼마켓 계산대 세 곳 중에 두 곳은 줄이 끝도 없이 길었다. 한 곳만 거의 텅 비어 있었다. 히잡을 쓴 여직원이 있는 계산대였다. #SchauHin (@kevusch)

너희 대학 총장이 튀르키예 이민자 자녀들은 IQ가 더 낮다고 했을 때 #SchauHin (@sir_jag)

평생교육원 여교사가 이렇게 말했다. "당신 딸은 언어 문제가 있으니 특수학교에 보내야 합니다." 지난 6월, 내 동생은 대학입학 시험에서 1등급을 받았다. #Schauhin (@Emran_Feroz)

#SchauHin은 일상의 인종주의[12]에 관한 언론의 폭넓은 논의를 불러일으키며, 이 개념의 중요성을 일깨우고 설명할 수 있는 기회를 거듭[13] 제공했다. 일반적으로 우리가 사회의 이러한 관점을 다루려면 화재로 불타오르는 집이나 사망자 등 최소한의 어떤 계기가 있어야 한다. 이번에는 그런 계기가 없이 자연스럽게 진행되었다. 일상 자체가 논의할 계기가 되기에 충분하기 때문이었다.

　　수많은 경험자들이 그 증거다. 이러한 경험들은 개별적인 사례도 아닐뿐더러 개인의 지나친 '예민함'에서 비롯된 것이 아니라, 우리 사회의 구조적 문제의 일부다. 우리는 폐단을 언급하며 공간을 만들고 이해시켜나간다. 이러한 경험들은 더 이상 이름 붙여지지 않은 자들의 것도, 말할 수 없는 것도 아니다. #aufschrei, #metoo, #SchauHin 혹은 #metwo와 같은 캠페인에서 개개인이 타인의 경험이 사실이었음을 확인시켜주면서 사회의 인식이 바뀌어가고 있다. 인종주의와 성차별 등 예전에는 당사자들의 눈에만 보이던 것이 이제 외부인의 눈에도 보이게 된 것이다. 일상 가운데, 매일, 독일 곳곳에서.[14]

　　#SchauHin을 제작한 TV 프로듀서가 나에게 이런 이야기를 해주었다. 그가 길거리에서 행인들을 인터뷰하며 일상의 인종주의에 관한 경험을 묻자 거의 모두가 대수롭지 않게 여겼다고 한다. 이들은 아직 그런 일을 한 번도 당한 적이 없다고 답했다. 그런데 몇 분 후 많은 이들이 되돌아왔다. 이들에게 뭔가가 떠올랐기 때문이었다. 그다음에 무언가를, 그리고 또 무언가를, 또 무언가를 폭로하기 시작했다.

> 움직이지 않는 자는 자신에게 채워진
> 족쇄를 깨닫지 못한다.
> ―로자 룩셈부르크Rosa Luxemburg

우리 사회에서 특정한 집단들의 경험과 관점이 모두의 언어가 될 방법을 찾을 수는 없는 것일까? 이것은 긴 투쟁 후에야 가능한 일일까? 누가 권위(자), 경험, 상황, 사건, 사람들, 사람들의 집단에 이름을 지을까?

언어가 **하나의 장소**라고 생각해보자. 구체적으로는 우리에게 바깥 세계가 어떤지 설명해주는 엄청나게 큰 박물관이라고 말이다. 당신은 몇 주, 몇 달, 몇 년, 평생을 이곳에서 보내게 될 수 있다. 그곳에서 보내는 시간이 많을수록 더 많은 일들을 이해한다. 당신은 한 번도 경험해보지 못한 세계에 빠질 수 있다. 그리고 이곳에서는 이름과 정의에 따라 정돈되고, 작업되어 범주화되고, 이해된다. 당신은 모든 대륙의 사물, 생물, 식물뿐만 아니라, 사상과 이론, 생각과 감정, 환상과 꿈을 찾는다. 지나가버린 일들 외에도 아주 최근의 일들까지도.

이 박물관에는 두 가지 범주의 사람들이 존재한다. 이름 붙여진 자들과 이름 붙여지지 않은 자들.

사람들은 **이름 붙여지지 않은 자들**에게 존재의 배경을 묻지 않는다. 자신들이 기준이고, 표준이고, 척도다.

이름 붙여지지 않은 자들은 언어의 박물관을 자유롭게 부담 없이 뛰어다닌다. 이 박물관은 이름 붙여지지 않은 자들과 같은 이들을 위해 만들어졌기 때문이다. 이곳은 이들의 관점에서 세상을 보여준다. 이것은 우연이 아니다. 박물관의 전시회들을 큐레이션하는 이들이 바로 이름 붙여지지 않은 자들이기 때문이다. 이들은 보여줄 것과 보여주지 않을 것을 정하고, 사물에 이름을 지어주고, 이것들의 정의를 내린다. 이들은 이름 붙여지지 않은 자들이다. 하지만 이들은 스스로 이름 짓기의 힘을 이용한다. 이들도 역시 이름 짓는 자들이다.

그렇다. 언어의 박물관은 우리에게 세상을 열어준다. 하지만 이 박물관은 절대 완벽한 상태에서 온갖 다양한 특성들로 언어를 이해하지 않는다. 이곳에서는 이름 짓는 자들이 스스로 이해한 것만을 이해한다. 의미와 경험이 닿는 범위에 한해서 말이다. 그 이상은 갈 수 없다.

이와는 다른 부류인 이름 붙여지지 않은 자들은 이러한 제약을 모른다. 이들은 다른 사람들을 통해 자신의 관점의 방향이 정해진다는 사실을 눈치채지 못한다. 우리가 두 번째 범주에 속하는 사람들, 소위 이름 붙여진 자들을 관찰한 후에야 이름 붙여지지 않은 자들이 얼마나 자유롭고 부담 없이 언어의 박물관에서 움직일 수 있는지 뚜렷하게 드러난다. 처음에 이들은 그저 어떤 방식으로든 이름 붙여지지 않은 자들과 차이가 있는 사람들일 뿐이다. 이름 붙여지지 않은 자들의 세계상에서 이상異常이라고 여겨지는 것. 아무것도 예견되지 않는 것. 낯선 것. 다른 것. 때로는 그저 익숙하지 않은 것. 친근하지 않은 것. 이런 것들은 혼란을 일으킨다. 당연한 것이 아니다.

이름 붙여지지 않은 자들은 이름 붙여진 자들을 이해하려고 한다. 개개인이 아닌 집단으로서 말이다. 이름 붙여지지 않은 자들은 이름 붙여진 자들을 분석한다. 이름 붙여진 자들을 검열한다. 이름 붙여진 자들을 범주화한다. 이들을 목록화한다. 결국 이들에게 집단의 이름과 정의를 부여하는데, 이것은 이름 붙여지지 않은 존재로서의 특징과 특성을 부각시키는 데 국한되어 있다. 이것은 그냥 사람들에서 이름 붙여진 자들이 되는 순간이다. 이 순간에 사람들은 비인간화된다.

이런 사람들, 더 이상 유리 새장에서 꼼꼼하게 목록화된 상태로 살지 않는 이름 붙여진 자들에게는 집단의 이름이 붙여진다. 우리는 이름 붙여지지 않은 자들의 눈을 통해 이름 붙여진 자들을 관찰한다. 얼굴 없는 존재이자 집단의 구성 요소가 된 자들을. 이들이 하는 모든 발언과 모든 행동은 집단에서 비롯되고, 개성은 인정되지 않는다. 이름 붙여지지 않은 자들에게 개성은 존재의 근간임에도 불구하고, 이름 붙여진 자들을 보고 있는 이들에게는 몰개성이 정상인 것처럼 여겨진다.

2015년 저먼윙스German Wings가 프랑스 알프스에서 추락한 사고로 150명의 탑승객이 전원 사망했다. 조사 결과 부기장이 비행기를 추락시키기 위해 기장을 조종실에서 나오지 못하게 했다는 사실이 밝혀졌다. 범인이었던 부기장은 평소 자살 위험에 우울증을 앓고 있었다.

2019년 7월, 8세 소년과 엄마가 프랑크푸르트 암 마인에서 기차선로 위로 밀쳐졌다. 이 사고로 엄마만 살아남고 아들은 사망했다. 이 사건에서도 범인은 정신질환이 있던 남성이었다.

한 사람은 백인 독일 남성이었고, 다른 한 사람은 스위스에 사는 에리트레아Eritrea 출신의 흑인 남성이었다.

이 끔찍한 범행이 일어나고 며칠 후 무슨 일이 일어났을까? 누구의 출신 국가와 피부색이 문제되었을까? 누구의 정신질환이 논의되었을까?

반인종주의 교육 전문가 사라 시퍼라우Sarah Shiferaw는 프랑크푸르트 살인 사건 후 승강장에서 한 백인 할머니가 그녀에게 말을 걸었던 일을 소개했다. 이 할머니가 흑인에게 손가락질하며 말하기 전까지 두 사람은 호의적으로 이런저런 이야기들을 나누었다. 그녀는 "한번 보세요. 저 남자도 피부가 정말 검지 않나요?"라고 말하며 불안함을 호소했다. 이어 시퍼라우는 그녀에게 자신의 가족 중 흑인 남자들에 대해 이야기하며 물었다. "이 사람들이 어떻게 느낄 거라고 생각하세요? 그가(승강장에 있는 남자가) 어떻게 느낄 거라고 생각하세요? (······) 그들은 자신의 주변 사람들로 인해 범죄자가 된다는 사실을 견뎌야 합니다. 독일 어딘가에서 누군가가 그런 끔찍한 범죄를 저질렀기 때문이죠."[15]

우리는 다시,
과거에 역사를 은폐시켰던 자들을
묵인하거나,
발견하거나, 기술하거나, 정의를
내리거나, 가르치던 이들과
똑같은 사람들이 되었다.
─메이 아임^{May Ayim}•

그들이 어떤 존재인지 당신에게
보여줄 때
사람들은 그들을 믿는다.
─마야 앤절로••

간혹 이름 붙여지지 않은 자들이 언어의 박물관을 배회

•   독일의 시인이자 교육자, 아프리카계 독일인 행동주의자
••   미국의 시인이자 작가 겸 배우

81

하다가 이름 붙여진 자들과 마주친다. 자신들의 명찰에 쓰여 있는 집단의 이름과는 어울리지 않는 듯한 사람들이다. 이를테면 히잡을 쓴 펑크록 가수나 흑인 발레리노처럼 말이다. 이들은 유리 새장의 벽을 향해 달리다가 유리에 부딪혀 피를 흘린다. 이들은 자신들의 새장이 그렇다는 것을 잘 알고 있고, 자신들이 갇힌 신세라는 사실도 파악하고 있다. 그래서 이제 자신들의 새장을 떠나고, 박물관을 자유롭게 돌아다니지만 위협을 느낀다. 이름 붙여지지 않은 자들 사이에서 아무런 검열도 없이 정의되지 않은 상태에 도달한 것이다.

이러한 위협은 대개 이름 붙여진 자들이 놀라 주춤할 정도로 많은 분노, 공격, 폭력을 유발한다. 이들은 겁에 질려 자신들의 유리 새장으로 다시 들어간다. 그곳에서 이들은 자신들에게 지정된 집단의 이름과 정의에 엄격하게 초점을 맞춘다. 나는 어떤 사람이 되어야 하는가? 나는 어떻게 존재해야 하는가? 이들은 더 조심스럽게 움직이고, 유리 새장과 간격을 유지하고, 자신들을 정의하는 틀에 맞춘다. 이들은 결국 자신의 캐리커처가 될 때까지, 고정관념이 될 때까지 그렇게 한다.

하지만 몇몇 사람들은 끈질기게 남아 있다. 이들은 분노, 분개, 폭력이 점철된 격앙된 감정 상태에 사로잡혀, 끊임없이 유리 새장에 맞서다가 부수고 그 안에 들어가, 무리하게 자유를 향해 나아간다. 이들은 이러한 벽을 존재의 한계로 받아들이길 거부한다. 하지만 이들은 유리가 깨지자마자 잠시 자유의 숨을 들이쉬고, 이름 짓는 자들의 검열을 받는다. 이들은 발가벗겨지고, 왜곡되고, 뒤집히고, 새로운 검열을 받고, 스스로 검열한다. 결국 이들이 바라는 것은 자유로운 상태에 머무르는 것이기 때문이다. 이들은 자신들에 대한 정의에서 벗어나길 원한다. 이들은 자유롭게 말하길 원한다.

대신 이들은 만신창이가 된다. 피부색, 머리카락의 특성, 신체적 능력, 옷, 히잡, 성기, 성적 취향 등에 대한 질문들. 이들의 이해력, 인간으로서 이들의 존재는 의문시되고 이성적 능력에 관한 질문들이 쏟아진다.

자유를 얻기 위한 열쇠는 자유로운 대화다. 이러한 대화는 새장의 문을 열어준다. 더 나아가, 여기에는 지금까지는 이러한 새장과 이름 짓는 자들, 이른바 언어의 박물관에서 큐레이션하는 자들의 관점에 반론이 없었지만, 이름 짓는 자들을 중심으로 이뤄진 박물관 구조 전반에 의문을 품을 수 있는 잠재력이 숨겨져 있다. 그래서 이름 붙여진 자들은 검열을 받는 동안에만 말을 해야 하고, 받은 질문에만 답해야 한다. 이들은 자신이 실제로 어떤 존재인지 설명하길 원하기 때문에, 스스로 자유를 정의하길 바라기 때문에 지시사항을 준수한다. 이들은 인내하며 자신의 말을 전달하려고 하지만, 모든 질문은 각각의 범주를 확인하도록 정해져 있다.

나는 이름 붙여진 자다. 조사, 분석, 검열을 받는 사람이다. 일상뿐만 아니라 회의에서도, 패널이나 인터뷰에서도 이슬람과 페미니즘, 히잡과 여성 해방, 신앙심과 교육처럼 어떻게 이리 상반된 관점이 공존할 수 있냐며 놀랍다는 이야기를 듣는다. 왜냐하면 기존의 범주에 맞지 않는 조합이기 때문이다. 나는 수십 년 동안 이러한 검열을 받아온 사람들 중 한 사람이다. 나는 자유롭게 말하고, 유리 벽을 보이게 하고, 갇힌 상태를 알리고 끝내야 한다고 주장하는, 건방진 사람들 중 한 사람이다. 기존의 관점을 뒤집어놓고, 박물관과 이름 짓는 자들에게 이름을 지어주는, 대담한 사람들 중 한 사람이다.

수십 년 동안 나는 고정관념을 깨려는 나의 투쟁이 언젠가는 결실을 맺으리라 믿었지만, 검열받는 자로서 나의 역할은 일시적인 것에 불과했다. 물론 나는 더 이상 반응하고 싶지도, 질문과 비난에 대꾸하고 싶지도, 잘못된 것을 바로잡고 싶지도 않다. 나는 다른 사람들이 아닌 나 자신이 요구할 때만 말하고 싶다. 이해받기 위해서가 아니라, 이해시키기 위해서 말하고 싶다. 나에 대한 변명을 하기 위해서가 아니라, 우리 주변 사람들을 드러내고 그들을 둘러싸고 있는 것들을 이해시키기 위해서 말하고 싶다.

> 그들이 이것은 과학적이라고 말할 때,
> 우리가 이것은 비과학적이라고 말할 때,
> 보편성과 특수성을
> 중립적인 것과 개인적인 것을
> 공정과 편파를 말할 때,
> 그들에게는 팩트가, 우리에게는 의견이
> 그들에게는 지식이, 우리에게는
> 경험이 있다.
> ─그라다 킬롬바Grada Kilomba•

세상에 대한 우리만의 고유한 관점을 보편적인 관점으로 설명하기 위해 이름 짓는 자들은 **보편적이고, 중립적이고, 합리적이고, 객관적인** 이름을 짓는다. 일반적으로 사물에 대한 이들의 관점은 지식이라는 가장 막강한 이름이 받쳐주고 있다. 이들의 관점은 설명할 필요도 없는 동시에 차이가 있는 모든 것들에 대해 설명을 강요하는 기준이자 숱한 사회적 상황에 의해 움직이는 메커니즘이다. "백인이고 남성이라는 것에는 함축적 의미가 있다." 영국의 저널리스트이자 페미니스트인 캐롤라인 크리아도 페레즈Caroline Criado Perez는 이렇게 썼다. "이들은 기준이다. 이러한 사실은 자신들의 정체성이 그 자체로 이해되지 않고, 자신들의 욕구와 관점이 일상화되어 잊히는 모든 이들에게 불가피한 것이다. 자신과 자신의 욕구를 위해 설계될 수 없는 세상과 충돌하는 모든 이들에게 말이다." [16]

그래서 이름 붙여지지 않은 자들의 관점이 모든 일의 척도가 되고, 우리는 이들의 눈을 통해 세상, 심지어 우리 자신을 본다는 사실을 단 한 번도 깨닫지 못한다. 우리는 우리에 대한 이러한 관점에 사로잡혀 있다는 사실을, 그냥 우리로 존재할 수 없다는 사실을 깨닫지 못한다.

이것은 우리 사회에서 '이방인의fremd'라는 형용사로 표현되는 모든 사람들에게 일어나는 일이다. 자신들의 개성, 고유한 특성, 얼굴, 인간다움을 박탈당한 모든 사람들에게 말이다. 이들에게 일차적으로, 특히 외국인, 유대인, 무슬림, 동성애자 등의 집합 명사가 붙여질 때 일어날 수 있는 일이다.

"세상의 틈새에서 글을 쓰지 말고, 그 의미에 맞서

다양성에 다가가, 눈물의 흔적을 믿고, 인생을 배워라."[17] 파울 첼란Paul Celan•이 쓴 시의 한 구절이다. 그는 이 시를 프랑스에서 독일어로 지었다. 어머니의 언어이자 살인자들의 언어로 말이다. 이 시를 읽었을 때 목숨을 지탱하고 싶다는 암시와 스스로를 향한 경고가 느껴졌다. 이것은 그가 생을 마감하기 4년 전의 일이었다. 나는 그 안에서 존재하고픈 갈망을 표현한 한 인간의 소리를 들었다. 그 언어 안에서 존재하고픈 갈망. 비록 차별의 언어임에도 불구하고 존재하고픈 갈망.

1981년 튀르키예 이민자 출신의 시인 셈라 에르탄 Semra Ertan이 이런 시를 썼다.

나는 이곳에서 일하지.

나는 내가 어떻게 일하는지 알고 있지.

독일 사람들도 그것을 알고 있지.

내가 하는 일은 힘들고,

내가 하는 일은 더러운 일이라네.

일이 내 마음에 들지 않는다고

나는 말하지.

"이 일이 마음에 들지 않으면

네 나라로 돌아가."

• 루마니아 출신의 독일어를 쓰는 시인으로, 나중에 프랑스 시민권을 얻었다.

그들은 이렇게 말하지.

내가 하는 일은 힘들고,

내가 하는 일은 더러운 일이야.

그런데 내 임금은 적지.

나도 세금을 낸다고

나는 말하지.

"다른 일을 찾아봐."

이런 말을 계속 들어야 한다고 해도

나는 계속 말할 거야.

하지만 잘못은 독일 사람들에게 있는 것도,

튀르키예 사람들에게 있는 것도 아니야.

튀르키예는 외환이 필요하고,

독일은 노동력이 필요하니까.

튀르키예에서 우리를 유럽으로 보냈지.

아이를 입양 보내듯

불필요한 사람들인 듯

그런데도 이들은 외환이 필요하고

평안함이 필요하네.

내 나라에서 나를 외국으로 보냈지.

내 이름은 외국인이라네.[18]

1년 후인 1982년 5월, 셈라 에르탄은 생방송 중이던 북독일 방송Norddeutsche Rundfunk의 프로그램에 전화를 걸었다. "저는 분신할 것입니다. 이 사건을 기사화할 생각이 없나요?" 그녀가 물었다.[19] 그녀는 방송으로 자신의 자살 의도를 알렸다. "우리는 독일 사람들에게 적어도 개 취급을 받아서는 안 된다고 생각합니다. 저는 인간 취급을 받고 싶습니다!"[20]

그녀는 자신의 말을 실행에 옮겼다. 인종주의, 소외, 폭력, 거절이 그녀가 독일의 대중들 앞에서 25세의 꽃다운 나이에 스스로 목숨을 끊게 만든 것이다.

외국인이었던 그녀는 사실 훨씬 더 많은 것을 해냈다. 이보다 훨씬 많은 것을.

이름 붙여진 자인 그녀는 스스로 이름 짓기 위해 싸웠다.

4장   개성을 빼앗긴 사람들

고정관념은 갑옷이다.

갑옷은 그것을 입고 있는 사람들이 아니라, 제3자의 무지를 보호해준다.

고정관념은 무시당하는 자들이 입어야 하는 무지의 갑옷이다.

갑옷은 무거워서 입는 자들에게 짐이 되고,

약하고 인간적인 순간에 이들을 굴복시킨다.

개성.

복잡성.

모호함.

결함.

실수.

이러한 모든 것들은 특권이다.

개성, 복잡성, 모호함, 결함, 실수는 원래 특권이 아닌 것이 당연하다. 이런 것들은 인간에게 속한 것이고, 이런 것들 없이는 한 사람의 인간이 될 수 없다. 물론 이런 것들은 기준에서 벗어나는 사람들에게는 허용되지 않는다. 그래서 다양한 특성들을 가진 한 인간을 이루는 것이 하나의 특권이 된다. 검열을 받고, 이름 붙여지고, 이름 짓는 자들의 정의에 갇힌 사람들에게는 말이다. 유대인 여성. 흑인 남성. 장애가 있는 여성. 이민 남성. 이슬람 여성. 난민 남성. 동성애 여성. 트랜스젠더 여성. 이주민 남성 등.

모두가 집단의 이름으로 불리고 관찰된다. 마치 그와 함께 시간을 보내지 않아도 특별한 관점을 허용하는 것이 가능한 것처럼. 그의 모순, 결함, 실수를 알지 않고도 말이다. 한 사람을 아는 일에는 끝이 없다. 그런데 당신 스스로 이해했다고, 당신이 모든 복잡성을 다른 사람에게 이해시킬 수 있다고 말할 수 있겠는가?

기준에서 벗어나는 사람들에게 이러한 불가해함은 인정되지 않는다. 이들은 개성을 빼앗겼다. 이들에게 복잡성은 도리어 특권이 되었다.

2019년 초에 한 여성 독자가 독일의 일간지에 보낸 편지에 이런 수수께끼가 있었다.

제가 누군지 맞혀보세요! 저는 도널드 트럼프와 그의 트윗, 에르도안*과 그의 민주주의, 푸틴과 그의 정치보다 언론에서 더 많이 언급되었죠. 저는 독일 내각의 실패와 유럽의 법이 강화된 주된 요인이죠. 저는 이 나라의 많은 시민들에게 큰 골칫덩어리고요. 왜냐하면 저는 노년의 빈곤, 가족의 학대, 환경오염, 마약 복용, 기후변화, 간병인과 교육자 부족보다 더 위험하기 때문이에요. 저는 다른 사람들이 저지른 잘못에도 항상 죄책감을 느껴요. 제가 알지 못하는 사람들의 잘못이더라도요. 저는 어디에선가 무슨 일이 일어날 때마다 이웃에게 인사하는 것이 부끄러워져요. 저는 모든 사람들의 실수에 책임감을 느끼고 언론의 보도에 위협감을 느껴요.

시리아 출신의 법조인이자 작가인 빈다 구마^{Vinda Gouma}가 이 수수께끼를 풀었다. "저는 난민입니다! (……) 그리고 모든 난민이 답이기도 합니다."[1]

　우리 사회의 많은 사람들이 길을 다닐 때 있는 그대로의 모습으로 있어도 된다. 이들은 불친절할 수도 있고, 화를 낼 수도 있고, 감정을 있는 그대로 내버려두고, 이것으로부터 자신들과 비슷한 외모를 갖고 있거나 같은 종교를 믿는 모든 사람들에 대해 일반화한 결론을 내리지 않아도 된다.

　한눈에 봐도 무슬림인 내가 빨간불일 때 길을 건

너면 나를 포함해 19억 명의 무슬림들이 그렇게 한 것이 된다. 나와 더불어 세계의 주요 종교인 이슬람교 전체가 교통 법규를 위반한 것이 된다.

이민자 출신의 젊은 여성, 동성애 남성, 장애가 있는 남성이 그냥 평범한 한 인간으로 살아갈 날은 언제 올까? 이들은 언제 '나'라는 표현을 사용하고 '나'의 생각을 말할 수 있을까? 언제 이들은 사람들에게 그런 존재로 이해될 수 있을까? "저는 전쟁으로 인해 친구와 가족, 집, 직업, 차, 저의 과거, 저의 고향을 전부 잃었습니다." 구마는 이렇게 썼다. "하지만 나중에 저는 유럽의 국경에서 고무보트에 두고 내린 개성 때문에 상실감에 시달렸습니다."[2]

나는 이민자 출신의 젊은 남성들, 젊은 흑인 남성들이 위험하다는 인상을 주지 않으려고, 단지 인간미 있게 보이려고, 친절하고 싹싹하고, 다정하게 웃고, 억양이 없는 완벽한 독일어를 하려고 특히 애쓰는 모습을 본다.

나는 히잡을 쓴 젊은 여성들이 자신은 억압당하지 않고 있고, 똑똑하고 친절하다는 것을 보여주려고, 단지 인간미 있게 보이려고, 지나치게 싹싹하고, 자유분방하고 격식 없이 행동하는 모습을 본다.

인간으로 인정받기 위해 이름 붙여지지 않은 자들의 관점에 맞춰 행동하는, 이름 붙여진 자들. 검열의 압력을 받다가 더 이상 검열을 받지 않는 짧은 순간이 찾아올 때마다 이런 경직이 얼마나 고된 일인지 확실하게 드러난다. 이들이 안도의 한숨을 쉴 때, 방패를 내려놓을 때, 바짝 긴장했던 어깨의 힘을 풀 때, 안면 근육의 긴장이 풀리고, 나는 위험한 사람이 아니라는 인상을 주기 위해 살짝 위로 치켜뜬 눈썹을 자연스러워 보이게 내릴 때 말이다.

강연 후에 한 무슬림 여대생이 나에게 다가왔다. 그녀는 자신의 의무감, 저항, 차별, 절망감을 털어놓았다. 나는 그녀를 보며 자신이 무슬림의 대변자라는 부담감을 내려놓길 바란다고 했다. "너는 너여도 돼. 너 자신에 대해 설명할 필요도, 너를 방어할 필요도 없어." 나는 그녀에게 말했다. "너는 자유로워. 다른 사람들에게 무슬림 여성이 어떤 존재인지, 무슬림이 어떤 존재일 수 있는지 입증하기 위해 아무것도 할 필요가 없어. 모든 면에서 그냥 너로 존재하면 되는 거야." 내가 이 말을 할 때 바짝 긴장되었던 그녀의 몸이 이완되고, 경직된 어깨가 풀리고, 얼굴이 펴지는 것을 느낄 수 있었다. 진짜 그녀의 모습이 나타났다. 그녀의 눈에는 눈물이 가득 고여 있었다. 그녀가 매일 짊어져야 했던 부담감을 새롭게 인식하게 되어 안도감에 흘러나온 눈물이었다. 우리가 서로 안아주었을 때는 마치 내가 그녀에게 안긴 듯한 느낌이었다.

　　미국의 저널리스트 사라 야신Sara Yasin은《무슬림들이여, 인권 때문에 너무 친절하려고 애쓸 필요가 없어 Muslims shouldn't have to be good to be granted human right》라는 제목의 에세이에서 자신이 히잡을 벗은 후의 경험들을 썼다.

　　나는 히잡을 벗은 후에 며칠 동안 어떻게 사람들의 무리를 헤치고 다녔는지, 사람들에게 보이지 않는 존재라는 사실에 얼마나 열광했는지 기억난다. 내가 백인처럼 하얗게 보이는 것만으로 사는 게 쉬워졌다. 사람들이 나에게 더 친절해 보였다. 나를 불친절하게 대하던 사람들도, 빤히 쳐다보던 사람들도 줄어들었고, 내가 '실제로' 어느 나라 출신인지 아무도 묻지 않았고, 내 유창한 영어 실력을 칭찬했다.
　　백인으로 보이는 것은 더 이상 내 국적을 묻지 않는다는 의미이기도 하다. 나는 더 이상 내가 미국인이라는 사실을 증명해야 할 필요가 없었다. 나에게는 이것이 쉬운 일이었다. 가장 큰 차이는 (……) 더 이상 내가 마냥 상냥함을 유지하려 애쓸 필요가 없다는 것이었다(……). 하루아침에 나는 한 사람의 개인으로 인정받았다. 내가 생각했던 모든 불손함은 나만의 불손함이었다. 원래 내가 해야 할 질문은 이런 것이었다. 전에는 왜 이렇지 않았을까?[3]

무슬림 여성은 서양에서 가장 많은 호기심을 유발하는 대상 가운데 하나다. 세상 사람들보다는 화가의 세계상과 관점을 통해 왜곡되어 묘사되었던, 과거에는 에로틱한 하렘 회화에서 찾았던 그러한 호기심.[4] 이러한 호기심, 강박, 식민지적 관점은 지금까지 계속되고 있다. 우리는 그녀가 누구인지, **무슬림 여성**을 알고 이해하려고 한다. 학문에서, 문학에서, 예술에서, 저널리즘에서 무슬림 여성은 마치 인간들 앞에 선보여야 하는 동물의 종들처럼 검열받고 범주화된다. 무슬림이라는 종은 모든 표본이 다르다는 취급을 받는다. 젊은이든 노인이든 퀴어, 흑인, 백인, 유색 인종, 장애 여부, 난민, 노동자, 지식인이든 상관없이 이들은 모두 자신의 소리와 모습을 빼앗긴다.

　　나는 무슬림 여성이다. 다른 모든 사람들처럼 정상적인 역할을 하고 있는지를 근거로 판단되는 여성. '편견과 싸우거나' '고정관념'을 깰 수 있으리라는 희망을 품고, 수십 년째 이러한 검열을 받고 있는 여성이다. 나보다 먼저 혹은 나중에 검열받는 모든 사람들처럼 나는 자유를 얻지 못했고, 좀 더 큰 새장에 다시 갇힌 신세다. 우리가 무슬림 여성에 관한 질문에 더 이상 대답하지 않아도 될 때, 우리가 모순적이고, 다양한 특성을 갖고, 이해받지 않아도 될 때, 비로소 우리는 인간답고 자유로울 수 있다.

무슬림 여성에 관한 현재의 논쟁에서 이러한 검열은 무슬림 여성들이 두 개의 새장에서 존재해도 된다는 결론으로 귀결되었다. 하나는 무슬림 여성은 희생자라는 관점이다. 그녀 자체는 위험한 존재가 아니고, 이슬람교를 근간으로 하는 가부장제나 악한 무슬림 남성들과 같은 위험에 노출되어 있다는 관점이다. 그래서 무슬림 여성은 이들로부터 보호받아야 하는 존재로 여겨진다. 다른 하나는 무슬림 여성 자체가 위험한 존재이고, 가부장제나 이슬람화의 선구자로서 더 큰 위험이 될 징조라는 것이다.

전 세계의 무슬림 여성들이 이러한 논리에 맞서 싸우고 있다. 유행, 스포츠, 음악, 문화 업계, 학문, 경제, 정치 등 자신의 분야에서 성공한 것처럼 보이는 많은 여성들이 있다. 하지만 이러한 새로운 역할이 집단 정체성이라는 낡은 관념을 해체시키지 않는 한 이 여성들은 또 다른 새장을 만들 뿐이다. 이렇게 되면 진보적인 영역에 다시 무슬림 여성에 대한 스무 개 혹은 100개의 범주가 존재하게 될지도 모른다. 아니면 이들은 '예외'로 특별대우를 받고 이 범주의 나머지 사람들로부터 분리되어 기존의 구조적 권력 관계가 계속 유지될 수 있다. 지금까지 검열받아온 모든 사람들과 다른 무슬림 여성은 주목받는 무대에 오르고 관중들로 인해 다시 불안함을 느낀다. 마침내 새로운 범주가 발견될 때까지, 이들의 존재가 이름 붙여지지 않은 모든 자들을 완전히 이해시킬 수 있을 때까지 말이다. 그래. 우리는 네가 자유주의를 표방하고, 퀴어이고, 노동자이고, 난민이고, 보수주의이고, 정교도이고, 흑인이고, 백인이고, 현대적이고, 대학에서 공부했고, 전통을 지키는 무슬림이라는 것을 이해해.

　　몇 년 동안 나는 무슬림 여성에 관한 책이나 원고 의뢰를 받았다. 독일의 젊은 무슬림 여성에 관해서, 아니면 현대적인 무슬림 여성이나 페미니스트 무슬림 여성에 관해서. 그 시간 동안 나는 이 역할에 대해 말로 표현할 수 없는 언짢음을 느꼈다. 질식할 것만 같은 기분이 드는 이유를 알 수 없었다. 그러다 나중에서야 그 이유를 깨달았다. 내가 비무슬림 독자들을 위해 집필한 무슬림 여성에 관한 책들은 집필 의도는 좋았으나, 의식 개선이나 자유를 주지 못했고, 책에 쓰인 내용들에 갇힌 상태만 계속

될 뿐이었기 때문이다.

　　내가 무슬림 여성에 관한 글을 써야 한다면 남아 있는 주제는 하나다. 나는 이들과 다른 모든 이름 붙여진 자들을 둘러싸고 있는 새장의 벽에 관한 글을 써야 한다. 오로지 무슬림 여성, 그녀만을 묘사할 수는 없다. 가부장제, 성차별, 인종주의, 우리를 규정할 방법을 찾는 여타의 모든 권력 구조를 언급하지 않고서는 무슬림 여성에 대한 글을 쓸 수 없다.

> 캐슬린은 (……) 모든 복잡성을 간직하며
> 존재하길 원했다. 분노하는, 조용한,
> 강한, 약한, 즐거운, 슬픈 존재로,
> 답을 알고 있는 존재로,
> 답을 모르는 존재로. (……)
> 우리는 이러한 복잡성을 보여줄 공간을
> 허용해야 한다.
> ─그라다 킬롬바

고정관념은 갑옷이다. 갑옷은 그것을 입고 있는 사람들이 아니라, 제3자의 무지를 보호해준다. 고정관념은 무시당하는 자들이 입어야 하는 무지의 갑옷이다. 갑옷은 무거워서 입는 자들에게 짐이 되고, 약하고 인간적인 순간에 이들을 굴복시킨다.

　나는 그 안에서 자라나 익숙해질 위험이 있는 고정관념을 관찰했다. 이를테면 **히잡을 쓴 여인, 사회 참여적인 무슬림 여성, 자유주의를 표방하는 무슬림 여성, 페미니스트 무슬림 여성, 예외적인 여성** 등이다. 나는 나보다 앞서 이런 시도를 했던 선구적 여성들이 입어야 했던 갑옷, 이 갑옷을 부수기 위한 그녀들의 시도에 남아 있는 흔적들을 보았다. 나는 그녀들의 감정을 모았고, 이 갑옷 아래에 여운으로 남아 있는 그녀들의 외침과 노랫소리를 들었다. 이민자 여성, 이주 노동 여성, 무시당하는 여성 증인들. 그녀들은 결코 침묵하지 않았으나 그녀들의 소리는 '침묵'이라고 일컬어졌다. 그녀들은 단지 다른 언어를 말할 뿐이었다.

　우리 할머니는 70세에 글을 읽고 쓰는 법을 배웠다. 할머니가 하려는 말을 다른 사람들은 이해할 수 없었다. 그녀의 유머, 지적 능력, 예리한 관찰력 등은 모두 눈에 보이지 않는 것들이기 때문이었다. 사람들은 그녀들을 관찰하지만, 사람들은 그녀들을, 자신의 친구들을, 더호감을 갖고도 남을 모든 면모를 갖춘 여성들을, 가난과 고난, 죽음과 절망의 나락을 보았던 여성들을, 이방인으로 취급받고 사회의 혹독한 추위를 경험한 여성들을 보지 못한다. 존재하기 위해 서로 매달려야 하는 여성들을 보지 못한다.

이들의 딸들은 '올바른' 언어를 사용했지만, 그녀들의 소리도 다른 사람들의 귀에는 들리지 않을 만큼 너무 작았고, 사회의 중심부에서 일어나는 일들과는 너무 멀리 있었다. 그녀들의 소리는, 지평선의 한계 너머를 보지 못하고 이러한 한계를 인정하지 않으려는 사람들에게 별일 아닌 것처럼 들렸다. 그렇게 그녀들은 한 번도 자신의 소리를 내지 않은 듯, 무지의 갑옷에 사로잡힌 상태가 되었다.

그녀들은 성공하려면 다른 사람들보다 두 배 더 열심히 일해야 한다는 말을 귀에 못이 박히도록 들으며 자랐다. 그녀들은 부당함과 모순에도 남몰래 조용히 자신의 길을 가도록, 어떤 요구도 하지 않도록 배웠다. 결국 그녀들은 여전히 이 나라에서는 손님의 딸들인 것이다. 짐을 싼 트렁크에 앉아 배를 타고 건너왔던 가족들의 자녀일 뿐이다.

지금 나는 내 주변을, 내가 속한 세대를 보고 있다. 우리는 성공을 위해 다른 사람들보다 두 배 더 열심히 일하지 않는다. 우리는 정의를 원한다. 우리는 말을 하는 세대다. 말이 들리는 세대다. 그런데 침묵하는 세대다. 뻔뻔하게 침묵한다.

우리의 것으로 간주되는 주제들에 대해 우리가 입으로만 떠들고 행동하지 않는 한 우리의 소리는 정말로 들리지 않게 될 것이다. 우리는 영원히 검열받는 자들로 남는다. 우리는 갑옷을 입어야 한다.

청소년 시절부터 정치에 참여해왔지만 히잡을 쓰는 젊은 여자가 TV 토크쇼에서 청소년과 정치를 주제로 토론할 때 자신의 의견을 솔직하게 말해도 될까? 나를 토크쇼에 섭외했던 토크쇼 편집자인 친구는 비난을 받을 아이디어라면 말하지 말라고 했다. 대체 무슨 근거로 그런 요구를 한 것일까? 진행자가 이렇게 말했다고 한다. "히잡을 쓰는 여성은 히잡에 대한 주제를 다루지 않는다는 조건으로만 출연할 수 있습니다."

우리가 텍스트의 원문에서 두 줄짜리에 불과하다면, 우리를 왜곡되고 변색된 렌즈를 끼고 보고 이방인들로 낙인찍는 논의에 단역 배우로 초대된 것이라면, 대체 무슨 말을 하라는 것인가? 우리가 정해진 주제에 대해서만, 엄격하게 그어진 경계 내에서만 의견을 말해야 한다면, 이게 말을 하는 것인가?

나는 할 말은 많지만 침묵해야 한다는 느낌을 떨

칠 수 없었다. 내가 토크쇼에 초대 손님으로 출연한 이유가 이슬람에 관한 주제를 다루기 위해서인지 스스로 물었다. 그때 이것이 많은 일을 초래할 수 있다고 나 자신에게 말하는 소리가 들렸다. 예를 들어 사람들은 흔히 히잡을 쓰는 여성들이 미숙하고 억압을 받고 있다고 생각하지만, 모두가 그런 것은 아니라는 사실을 알아야 한다. 나는 사람들이 아직 이런 인식조차 하지 못하고 있다는 생각이 들었다. 그동안 내가 이렇게 말했기 때문에, **'일반적인 것이라고'** 말했기 때문이었다. 나 자신에게 했던 이 말은 인식을 자극한 사건이었다. 차라리 나는 무당벌레의 번식이나 다음 며칠 동안의 일기예보에 대해 말해야 했는지도 모른다. 결정적인 것, 전례 없는 것은 자신의 목소리를 내는 무슬림 여성의 관점이었다.

어느 정도 거리를 두고 지금 생각해보면 내가 무엇에 대한 말을 하는지는 결코 사소한 것이 아니었다. 내가 실제로 무당벌레나 날씨에 대해 이야기했다면, 이것이 검열을 당하는 자로서 내가 '말하지 않는 것'을 의미했다면 말이다. 나는 자유롭게 말했어야 한다.

우리가 대상물일 때 우리는 말을 하지만 동시에 말하지 않는 것이 되고 만다. 주제가 정해져 있다면 우리는 말하지 않는다. 우리가 한 집단을 대변하는 존재로서 말해야 한다면 말하지 않는다.

　　우리는 말을 할 수 없다.

　　　　　우리는 말을 배우자마자

　　　　　말에서 벗어난 우리 자신을 발견한다.

　　　　　—실라 로보덤 Sheila Rowbotham

"퀴브라, 네가 말을 할 수 없는 것이 괴롭다니, 무슨 말인
지 이해할 수 없어." 몇 년 전에 한 친구가 이런 말을 했다.
트위터, 페이스북, 블로그, 인터뷰, 대화 모임, 패널 토론
등 누구보다 다양한 소통의 창구를 접할 수 있는 내가 말
을 할 수 없다고 괴로움을 호소하다니 말이 되는 소리인
가?[5] 사람들이 나를 히잡을 쓰고 곳곳에서 다양한 활동을
하고 있는 한 사람의 인간으로 대하는 순간, 이러한 모든
특권은 가치를 잃는다. 나는 사람들의 흥미를 자극하는
예외적인 사례, 평범한 오락 프로그램에서 보여주는 진
기한 물건 같은 존재인 것이다.

　　　무슬림 여성들은 옷처럼 한 가지 속성에 국한된
존재가 아니다. 이들은 심지어 히잡을 쓰는 여자들이라
고 불린다. 이들의 인간다움, 모든 경험 세계는 오직 히잡
으로 제한된다. 종교를 정보의 주춧돌 삼아 움직이는, 이

모든 것이 연상시키는 삶은 견딜 수 없다. 그런데도 이것은 우리 사회의 많은 무슬림 여성들이 살아가고 있는 삶이다. 나는 정기적으로 젊은 무슬림 여성들로부터 자신의 경험 세계에 관한 소식을 전해 듣고 있다. "사람들은 저를 사람으로 보려고 하지 않아요. 그들은 저를 하나의 종교, 가까이 다가갈 수 없는 존재라고 생각해요. 그래서 속상해요. 저는 어떻게 해야 할지 모르겠어요." 한 여성이 나에게 이런 글을 보내왔다. 무슬림 여성들은 인간이 아니라, 그들이 믿는 종교의 대변자로 인식된다. 이들이 언젠가 자신을 소개하기 전까지는 신앙의 상징물처럼 소개된다. 이들의 개성, 모호함, 복잡성이 알려지지 않은 채 오랫동안 검열의 대상으로 방치되어왔기 때문이다. 이들은 오직 다른 사람들의 관점으로만 받아들여져왔기 때문이다.

페미니즘, 인공지능, 인터넷 문화, 정치적 예술에 관한 강연이 끝난 후 내게 말을 걸어오는 많은 사람들처럼, 당신도 내가 히잡을 쓰는 이유를 묻고 싶을지 모르겠다.[6] 나는 이 질문에 대한 답이 당신에게 만족스럽지 않을 수 있다고 생각한다. 당신이 내가 말하는 그 이유들을 경험해보지 않았기 때문이 아니라 **정말로 이해하길** 원하기 때문이다. 변명하자면 때로는 나조차도 정확하게 파악할 수 없는 복잡한 존재, 전체 맥락, 동인, 들쑥날쑥한 기분, 감정 기복 등이 있겠지만, 그 누구도 이런 상황을 매일 겪는다면 견디기 어려울 것이다. 어쨌든 인간다움을 포기하지 않으면 안 되는 상황이다. 시인 안야 살레[Anja Saleh]가 나에게 이런 말을 한 적이 있다.

> 인간이 모든 것을 이해할 수는 없어. 나도 사람들이 등산하는 이유를 이해하지 못하는걸. 하지만 내가 반드시 그걸 이해해야 할 필요는 없지. 그리고 나는 사람들을 재촉하지 않고, 이런 일을 나 자신에게 적용할 수 있다고 이해시키는 것, 그 안에 예술이 있다고 생각해. 누군가 내가 히잡을 쓰는 이유를 알고 싶어 하면 이런 생각을 해. 사실 여기에는 너무 많은 이유가 있어. 하지만 당신은 이걸 쉽게 이해할 수 없겠지. 왜냐하면 이것은 과정이니까. 그 뒤에 삶이 있는 거야. 당신이 이런 것을 어떻게 이해할 수 있을까?

다른 사람에게 자신을 이해시키려고 해보길 바란다. 당신이라는 한 인간, 당신의 모순, 성장 과정, 불안, 희망, 바람에 대해서 말이다. 그리고 당신이 매일 그 일을 해야만

한다고 생각해보길 바란다.

이것은 모욕적이고, 지치고, 뭔가 빼앗긴 듯한 기분이다.

당신이 사람들이 혐오하는 종교를 믿고 있고 다른 사람들에게 자신의 종교를 이해시켜야 하는 상황이라면 어떤 기분인지 알지도 모르겠다. 요컨대 불가능하리라는 감정이다.

나는 청소년 시절 처음 이슬람에 관한 토크쇼를 시청했던 기억이 난다. 이맘이 나올 때마다 나는 시선을 돌릴 수밖에 없었다. 이슬람 공동체에서 많은 존경을 받는 인물이 TV에 출연해 웃음거리가 되고 무시당하는 것을 그냥 지나칠 수 없었다. 이 프로그램의 언어는 비종교적이었고 이맘이 종교적 어휘를 사용하면 웃음거리가 되었다. 이 프로그램의 내용은 신학이 아니었고, 그의 신학적인 주장은 비웃음을 샀다. 이 프로그램의 목표는 합의가 아니라 논쟁이었고, 이슬람에 대한 오해를 풀어보겠다는 이맘의 순진함은 비웃음을 샀다.

몇 년 후 내가 이런 무대에 올라 과거에 다른 사람들이 겪었던 일을 똑같이 경험했다. 이런 일이 일어나기 전까지는 그랬다. 나는 우파 포퓰리즘과 열린사회를 주

제로 한 단상 토론에 사회학 교수, 독일 개신교 총회 의
장과 함께 초대 손님으로 초청되었다. 이 토론은 평소와
는 좀 달랐다. 사회학 교수와 나는 학술적이고 세속적인
언어로 접근한 반면, 개신교 총회장은 **이웃사랑**과 **자비**
와 같은 단어를 사용했다. 그런 공간에서 종교적인 언어
를 사용해도 비웃음을 당하지 않는 것을 나는 처음 경험
했다.

나는 혼란스러웠다. 옷 하나 때문에 종교적이라고 분류
될 수 있는 사람인 나는 종교적인 언어를 사용하지 못하
도록 억압을 당했다. 반면 개신교 총회장은 자연스럽게
종교적 언어를 사용했다. 나와 달리 그가 공적으로 종교
적 직책을 갖고 있는 건 사실이다. 하지만 내가 이 사회의
일원으로서, 이성적 사고력과 지적 능력을 언급하지 않
고, 종교적인 개념을 사용해 종교적 관점에서 주장할 수
있었을까? 나는 그렇지 않다고 생각한다.

이 경험을 계기로 나는 우리 사회에서 종교와 종교적 언
어를 얼마나 다르게 대하는지 깨닫게 되었다. 나는 우리
에게, 신앙이 있는 사람들 모두에게 해당하는 질문을 던
져보았다. 세속적인 언어는 우리의 영성에 어떤 영향을

끼칠까? 세속적인 언어는 나에게 어떤 영향을 끼칠까?

나는 튀르키예어로 처음 내 종교를 접했다. 다른 언어, 독일어로는 이해할 수 없는 인식들이 결합되어 있는 개념들로 말이다. 나는 튀르키예어로 신에게 기도했다. 나는 이 언어로 울었고, 이 언어로 신을 믿었다. 하지만 내가 열세 살이었던 2001년 9월 11일 이후 이러한 믿음, 기도, 생각을 독일어로 표현할 방법을 찾아야 했다. 누군가가 나를 공격하고, 질문하고, 흠집을 내려고 했기 때문이었다.

인간의 가장 내밀한 부분이 억지로 공개될 때 인간은 특히 큰 상처를 입기 마련이다. 누구라도 그것에 의해 최종적인 평가를 받기 위해 검열당하고, 왜곡되고, 그 방향으로 바뀌어야 한다는 감정들이 엄습하면 그러할 것이다. 이러한 감정들이 한 인간의 일부라서, 기도는 종종 큰 소리로 부르짖는 것이라서, 인간이 절대로 감정으로 표현할 필요가 없어서가 아니다. 이러한 감정들은 마음으로 느끼고 생각하는 것이기 때문이다. 이것은 신앙심을 간직한 마음의 상처 입은 부분들이다. 연약하면서도 값지고, 은밀하면서도 사적인 것이다.

신과 신을 믿는 사람들 사이에는 그 누구도 끼어

들어서는 안 된다. 그런데 여기에 다른 사람들의 관점이
비집고 들어왔다. **호기심으로, 탐욕으로.**

자신의 영성을 끊임없이 합리화하고, 설명하고, 변론해
야 하는 사람이 과연 영성을 유지할 수 있을지 의심스럽
다. 나는 지난 수십 년에 걸쳐 내 친구들이 히잡을 어떻게
벗게 되었는지 차례차례 경험했다. 내 친구들은 장시간
의 대화를 통해, 눈에 보이는 종교 대변자 역할을 하지 않
아도 되었던 시절의 신앙이 그리워서 히잡을 벗게 되었
다고 나에게 그 이유를 설명해주었다.[7] 신앙이 있는 사람
에게는 휴식과 사랑을 느낄 여유가 필요하다. 하지만 그
가 설명이 불가한 것을 끊임없이 설명해야 한다면, 이러
한 신앙을 낯설게 여기는 언어를 말해야 한다면, 그는 사
랑을 잃고 만다. 유대계 종교철학자 마르틴 부버는 이렇
게 썼다. "신의 존재를 입증할 수 없듯이 신과 인간 사이
의 상호성은 입증할 수 없다."[8]

또한 이것은 개개인의 호기심이 아닌, 사회적 기
대에 관한 문제다. 우리의 종교에 관한 질문들은 우리의
권리가 제한되지 않을 때 만족스러운 답이 나올 수 있다.

우리가 다른 사람들을 이해시키기 위해 자신을 발
가벗겨야 한다면 우리에게 무슨 일이 일어날까? 우리가
발가벗겨진 채 다른 사람들의 시선으로 우리 자신을 보

아야 한다면 어떻게 될까? 다른 사람들이 우리를 보는 시선은 어떻게 될까? 우리가 더 이상 스스로를 인정할 수 없지 않을까?

이것은 사랑이라는 개념이 낯선 사람에게 평생 배우자와 함께 살아야 하는 이유를 설명해야만 하는 것과 같은 상황이다. 당신은 사랑을 합리화하고, 상대방을 이해시키기 위해, 당신이 바라는 언어와 사고 패턴을 덮어씌운다. 몇 번이나 그 이유를 설명하려다가 실패한 후 한숨을 쉬며, 당신은 한 문장을 툭 던진다. "나는 경제적 안정이 필요해서 배우자와 함께하고 싶어."

이렇게 당신의 말은 당신의 감정으로부터, 당신의 언어는 당신의 존재로부터 멀어져간다.

당신은 그사이 어딘가, 존재와 언어 사이에 사로잡혀 있다.

5장

더 이상 연대를 끊지 않기로 다짐할 때

하지만 나는 이렇게 생각한다.

한 사람이 목표를 세우는 순간에 길이 열리기 시작한다.

그가 자신을 특징짓는 이미지를 깨닫고, 자신에게 각인된 특징에

굴복하지 않기로 다짐할 때 길이 열리기 시작한다.

한 사람이 비인간화를 깨닫고, 평탄하지 않고 자신의 개성을 위해

허락되지 않은 공간을 받아들이고

더 이상 연대를 끊지 않기로 다짐할 때 길이 열리기 시작한다.

나는 자신이 어떤 존재인지
정확하게 알아야 할 필요가 없다고 생각한다.
삶과 일에서 가장 중요한 것은
처음과 다른 존재가 되는 것이다.
—미셸 푸코 Michel Foucault

미국의 인지심리학자 존 바그John Bargh는 자신의 저서《우리가 모르는 사이에: 인생을 다시 설계하는 무의식의 힘》에서 우리의 생각과 행동이 다양한 요인과 영향에 따라 어떤 미묘한 변화를 보이는지 연구했다. 예를 들어 사회적 정체성은 인간의 행동과 성과에 어떤 영향을 주는가? 한 인간이 속한 사회적 범주가 그가 행동하는 방식에 영향을 줄 수 있는가?

그는 심리학자 날리니 암바디Nalini Ambady와 마거릿 시Margaret Shih의 연구를 인용했다. 이 연구의 주제는 미국에 널리 퍼져 있는 두 가지 문화적 고정관념이 끼치는 영향이었다. 그중 하나가 여학생은 수학을 **못한다**는 것이었고, 다른 하나는 아시아 학생들은 수학 성적이 **우수하다**

는 것이었다.

그런데 이것은 미국의 아시아계 여학생에게만 해당하는 내용일까?

암바디와 시는 5세의 아시아계 미국인 소녀들이 연령별 수학 시험에서 성적이 어떻게 나오는지 조사하기 위해, 소녀들을 세 그룹으로 분류했다. 첫 번째 그룹의 소녀들은 시험을 보기 전에 아시아계 미국인 아이가 식사를 할 때 그림을 그리는 사진을 받았다. 두 번째 그룹의 소녀들은 인형을 가지고 노는 소녀의 사진을, 세 번째 그룹의 소녀들은 풍경 사진을 받았다. 첫 번째 그룹의 성적은 평균 이상으로 우수했고, 두 번째 그룹의 성적은 평균 미만이었고, 세 번째 그룹의 성적은 평균적으로 우수했다.

바그는 자신의 저서에서 두 학자가 연구 결과를 발표했을 때 청중들의 웅성거리는 소리를 언급했다. 이들은 문화적 고정관념이 성적에 영향을 끼친다는 사실만 보여준 것이 아니었기 때문이었다. 이들은 아이들이 이러한 고정관념을 취학 전에 습득했다는 증거도 제시했다. 장난감, TV 시리즈, 음악, 오락, 성인들 사이에서 일어나는 일상의 상호 작용, 그리고 우리의 언어까지 이 모든 것들이 어린 시절부터 고정관념이 각인되는 데 영향을 주고, 이러한 고정관념은 다시 자아상과 더불어 개인의 고유한 행동과 능력에 영향을 끼친다. 이런 것들이 특징짓는 이미지들은 인간이 의식하고 이것에 대해 논쟁할 능력을 갖추기도 전에 이미 굳어져 있다. 낯선 것에 대한 왜곡된 이미지들이 자아상이 되고 가능성의 영역을 정의한다. 존재의 한계를 정한다.[1]

우리 사회의 사람들은 어떤 이미지와 고정관념에 노출되어 있을까? 당신의 자녀는 무엇을 알고 있어야 할까? 어떤 질문에 답을 할 수 있어야 할까? 생존권을 위해 어떤 지식을 갖춰야 할까?

눈이 왜 그렇게 생겼는지, 원래 그런지 답을 해줘야만 할까? 머릿결과 색깔에 대해 설명할 수 있어야 할까? 자신의 피부와 색깔에 대해 설명해야 할까? 부모님이 왜 그런 신앙을 가졌는지, 왜 그런 옷을 입는지, 왜 그렇게 행동하는 것을 좋아하는지 그 이유를 설명해줘야할까?

많은 아이들은 그런 질문들에 답을 할 필요가 없다. 피부가 크림색이나 베이지색이고 '살색'이라고 부르는 것만으로 설명이 되는 아이들, 또 눈이 동그랗고 백인들의 기준에 부합하는 아이들은 부모님의 관계와 성생활을 설명할 필요가 없다. 이들은 자신의 부모, 조부모, 증조

부모, 고조부모가 어디에서 태어났는지, 왜 고향으로 돌아가지 않았는지 설명할 필요가 없다. 이들은 다른 곳이 아닌 이곳에 있게 된 이유를 설명할 필요가 없다.

그렇지 않은 다른 아이들도 있다. 소위 이러한 표준에 부합하지 않는 다른 자들의 자녀들이다.

이런 아이들은 어릴 때부터 그런 질문들에 답하는 법을 배워야 한다. 이런 사회에서 이들의 성공은 얼마나 훌륭하고 만족스럽게 이것을 해내는지와 결부되어 있다. 그러니까 이들은 지식을 습득하고, 완벽하게 답하는 법을 배워가는 셈이다. 세월이 흐를수록 점점 유창해진다. 점점 가슴이 답답해진다. 점점 비굴함을 느낀다.

이들이 습득한 지식이 곧 자신이고, 이것은 이런 질문을 받지 않고 자랐을 사람들과 이들의 관계를 형성한다. 어릴 때부터 당신의 피부 톤에 대한 질문을 받고 자랐다면 지금 당신은 어떠할까? 머릿결에 대해 질문을 받아왔다면? 그에 대한 답변으로 당신은 주류 사회의 기준에 맞춰 답을 하지만 그 노력을 인정받지 못할 때, 당신은 어떤 기분일까? 반면 달은 왜 둥글고, 나무는 왜 위로 자라고, 펭귄이 조류인지 아닌지 질문받는 아이들은 어떤 어른으로 자랄까? 그렇게 사람들은 자신들이 반드시 해야 한다고 생각하는 것들, 일반적으로 자신들은 끊임없이 질문받지 않을 것들에 대한 지식을 쌓아간다. 그런데도 이러한 지식은 지식으로 간주할 수 없다. 이것은 다른 자들이 자신들의 다름에 대해 치러야 했던 대가이다. 검열, 이런 성가신 질문들, 성향 검사를 거쳐도 다른 자들은 별도의 인정을 받지 못한다. 이런 지식은 가치 없는 지식이다.

나는 갓 스무 살이 되었을 때 실습을 위해 런던에서 여름을 보냈다. 그곳 사람들은 서로 알아가는 과정에서, 내가 독일에서 살던 시절에 받았던 것과는 다른 질문들을 했다. 예를 들어 "너는 왜 히잡을 쓰고 다녀?"는 가벼운 대화에서 할 질문이 아니었다. 대신 내 전공이 무엇인지, 나, 퀴브라라는 사람에 대해 관심을 보였고, 어떤 음악을, 어떤 영화를 좋아하는지 물었다. 사람들은 이슬람교의 대변자가 아니라, 나라는 한 인간에 대해 관심을 보였다. 그들은 나를 자신들에게 투영시키지 않고, 나라는 한 인간에게 관심을 보였다.

이것은 해방감을 주면서도 혼란스러운 경험이었다. 잘 생각해보면 독일에서 무슬림이 아닌 낯선 사람들과의 가벼운 대화는 나의 혈통, 신앙, 이성, 지성, 가족, 정신, 사생활을 검열하는 것과 같은 의미가 되어가고 있었다. 나는 무슬림이 아닌 누군가에게 내가 관심의 대상이 될 수 있다는 생각을 해본 적이 없었다. 정해진 방식으로 나를 보여주는 데 길들어 있던 나는 나 자신을 어떻게 설명해야 할지 몰랐다. 이제 내가 정말로 내가 되어도 될 때가 왔는데도 말이다. 나는 원래 어떤 사람이었을까? 나는 무엇에 관심이 있었을까?

나는 답을 알 수 없었다. 서투르게 나는 자유를 만났다. 그리고 나는 이 자유를 마음껏 누렸다.

모든 남자들의 나라 출신
이민자로서
인종주의에 대해서라면 전문가로서
당사자로서
—마이 아임

"이따금 저는 저기에 앉아 고국으로 돌아가고 싶다는 생각을 해요." 시리아 출신의 한 젊은 여자가 눈물을 글썽이며 말했다. 나는 어느 강연에 초대를 받았고, 독일 전역의 젊은 여성들이 모인 다채로운 소모임 자리에 함께 있었다. 그중 일부는 백인 독일인 여성이었고, 일부는 독일로 망명한 지 몇 년 되지 않은 난민 여성들이었고, 나머지는 독일 이민 2·3세대였다. 젊은 시리아 여성은 약 3년 전 자신이 독일에 온 후 독일의 교육 체제를 떠돌아다녀야 했던 방랑기를 고백했다. 자신이 입학시험을 치르고 대학에서 공부할 수 있기까지 몇 년 동안 얼마나 많은 도전을 했는지, 관료주의라는 장애물과 그녀를 방해하려는 사람들이 얼마나 많았는지 말이다. 독일인 여교사는 그녀에게 "모든 독일인이 대학에서 공부할 수 있는 것은 아니란다"라고 하며 "왜 하필이면 난민 소녀가 대학에 가려고 하니?"라고 말했다고 한다.

그리고 그녀는 자신이 받았던 질문들에 대해 이야기했다. 이슬람교, 그녀가 히잡을 벗지 않고, 돼지고기를 먹지 않고, 술을 마시지 않는 이유에 대한 질문을 받았다고 한다. 그녀가 말을 하면 할수록 절망감은 더욱 커졌다.

이 소모임에 참석했던 또 다른 젊은 여성은 몇 년 전 아프가니스탄에서 독일로 망명했다. 그녀는 라마단 기간에 금식을 하다가 담임교사로부터 시대에 뒤떨어졌다는 표현을 듣고 비웃음을 당했다고 했다. 그녀는 마지막에는 "당신이 맞아요. 그래요. 당신이 맞아요"라는 말로 끝낸 굴욕적인 대화에 대해 이야기했다.

그녀는 통합반의 한 남학생이 여교사와 이슬람에 관한 논쟁을 벌인 일을 이야기했다. 그다음 날 17세 청소년이 뮌헨에서 아홉 명을 죽인 총기 난사 사건이 발생하자 여교사는 이 남학생이 범인이 확실하다고 생각했고, 반 학생들에게 경찰에 신고해야 한다고 말했다고 한다. 반 학생들은 시위를 벌였다. 범인이 무슬림이 아니라 기독교인이었다는 사실이 밝혀졌을 때 이 여교사는 범인에게 분명 정신 장애가 있을 것이라고 말했다고 한다. "범인이 내 동급생이었다면, 그가 난민 출신의 무슬림이었다면 이 선생님은 그에게 정신 장애가 있다고 했을까요?" 이 젊은 여자는 소모임에서 이런 질문을 했다. "정신 장애는 유럽인들에게만 적용되는 건가요? 우리에게는 그런 문제가 없을까요? 피 흘리는 모습을 본 사람들인데요? 자신의 부모, 형제, 자녀가 눈앞에서 살해당하는 모습을 목격했는데요? 왜 우리만 테러범인가요? 내 나라, 아프가니스탄에 파병해서 사람들을 죽인 미국인들은 테러범이 아니고요? 이들이 죽인 대상은 사람이 아닌가요? 우리는 왜 짐승인가요?"

그녀의 말이 그 공간에서 메아리쳤다. 모두가 당황한 분위기였다.

그리고 그녀는 죽음의 순간에 익숙해지고, 해변에 시체가 널브러져 있는 일이 사소한 일상이 되었다고 말하는 자신의 사촌들에 대해 이야기했다. 빵을 사러 가던 길에 총을 맞아 죽은 자신의 이모에 대해서도 이야기했다.

그녀는 끝내 눈물을 감추지 못했다. 나는 이 두 여성, 그녀들과 비슷한 처지인 난민 여성들을 바라보았다. 이들은 많아야 열일곱이나 열여덟 살이었다. 이들은 이 모임의 다른 여성들과 근본적으로 다른 삶을 살고 있었다. 한 부류는 대학에서 공부를 시작하면서 새로운 삶의 국면으로 접어든 반면, 다른 한 부류는 전쟁을 피해 도망쳐 나와 세계 정치, 이슬람, 이민 논쟁에 휘말렸다. 이것은 이들의 결정이 아니었다. 나는 이들이 어떻게 자신이 원치 않았던 인간이 되어가고 있는지 볼 수 있었다.

이들을 보면 내 청소년 시기와 난민 친구들이 떠오른다. 나는 전쟁을 겪은 것도 난민도 아니지만 말이다. 이들을 보면 내가 단계적으로 상호 작용을 거쳐 이 사회에서 내게 주어진 역할을 어떻게 받아들이게 되었는지 생각이 난다. 나는 더 이상 내가, 퀴브라가 아니었다. 나도 무슬림이었고 비무슬림들이 이슬람이라는 주제와 관련해 떠올리는 모든 질문에 답을 해야 했다. 이라크와 아프가니스탄 전쟁, 테러, 코란의 인용구에 대해. 나는 모든 것에 대해 내 입장을 밝혀야 했다. 나는 점점 개성을 박탈당해가고 있었다. 모든 질문에 기꺼이 답하고, 조사하고, 정보를 수집하는 것이 내 임무였다.

나는 열세 살 때 처음 이런 압박감을 느꼈던 것으

로 기억한다. 2001년 9월 11일, 테러가 일어난 직후였다. 그날 나는 여동생과 지하철을 타고 있었는데 중년 여성이 우리에게 다가왔다. 그녀는 오랫동안 우리를 살피더니 내가 자발적으로 히잡을 쓰는지 물었다. "당연히 제가 원해서 쓰는 것이죠." 내가 대답했다. "그렇지 않아." 그녀가 반박했다. 그리고 우리가 얼마나 억압받고 있는지 일장 연설을 하더니 이란, 이라크, 사우디아라비아 등의 정세를 묻는 것이었다. 내가 가본 적도 없고 알지도 못하는 나라들인데도 말이다. 그녀가 나를 설득하려고 하는 동안 나는 이렇게 외쳤다. "저와는 전혀 상관이 없는 일들이에요." 그리고 나는 말했다. "이건 제가 믿는 이슬람이 아니에요."

그녀가 소란을 피우는 통에 결국 나는 여동생과 다음 역에 내려서 다음 지하철로 갈아타야 했다.

내 심장은 터질 듯 방망이질을 쳤다. 내가 제대로 답을 하지 못했다는 생각이 들었다. 나는 왜 이런 나라들의 상황도 제대로 모르고 있었던 걸까? 겉모습만 봐도 나는 틀림없는 무슬림이었다. 그렇지 않았더라면 그녀가 나에게 그런 질문을 하지 않았을 것이다. 완벽하게 준비했어야 할 시험공부를 대충한 것 같은 기분이었다.

그 후로 나는 주어지는 모든 질문에 답을 하는 것

이 일종의 임무라고 생각했다. 이란, 이라크, 아프가니스탄에 관한 질문이라면 꼭 알아야 한다고 말이다. 나는 완전히 낯선 이 사람들을 통해, 내가 무엇을 알고 있는지, 내가 무엇을 알고 있어야 하는지, 내 머릿속의 한 조각에 불과한 소재들을 기준으로, 내 신앙을 기준으로, 나를 규정할 수밖에 없었다.

다른 사람들이 내게 하는 질문들은 내가 나만의 종교를 통해 배운 것이었다. 이런 것들이 나만의 고유한 질문, 나만의 관심사, 나만의 지식욕을 배경으로 밀어냈다. 나는 나 자신을 지키기 위해 이런 잔인한 자들이 신앙의 이름으로 자행하는 살인과 행동의 기반을 내가 믿는 종교에서 찾을 수 없는 이유와 관련된 지식을 쌓아갔다. 사실 나에게 종교는 성격 형성과 정신 수련을 위해 한 사람의 인간으로서 중요한 것이었지만, 언젠가부터 내가 아닌 종교적 질문에 몰두했다. 이런 주제들이 반드시 내가 믿는 종교를 위해 나를 더 나은 수호자나 대변자로, 건강한 정신을 가진 더 훌륭한 인간으로 만들어주지는 못할지라도 말이다.

"너희들이 원치 않으면 자신의 모든 것을 들춰내지 마." 우리는 다른 사람들이 이들에게 투영시키는 것에 관한 대화만 나누었다. 그래서 나는 이 소모임의 젊은 여성들이 어떤 사람들인지도 몰랐지만 이렇게 말했다. "그럴 가치가 없는 사람은 너희의 탈출기, 신앙, 영성, 가장 은밀한 감정을 알 권리가 없어. 너희가 원할 때만 말하면 돼. 하지만 너희가 원치 않을 때 그럴 필요는 없지."

그리고 나 자신에게 물었다. 이 세상에 증오도, 증오로 가득 찬 사람도, 극단주의도, 전쟁도, 차별도 없다면 너는 무엇을 하고, 생각하고, 쓰고, 무엇에 대해 말하고, 무엇을 위해 일할 거니? **너를** 움직이는 것은 무엇이니?

정적이 흘렀다. 정적이 공간에 발을 들여놓고 지배했다.

때로는 왜곡된 적대적 이미지와의 싸움이 적대적인 이미지로 표현될 수 있다. 때로는 생활 환경에 저항을 하다가 이런 상황에 적응을 하게 될 수도 있다. 저항도 반복하다 보면 습관이 될 수 있기 때문이다. 그리고 이러한 저항의 본래 목표가 무엇이었고 무엇이어야 하는지도 잊히고 말았다. 실질적인 자유, 인간다움, 다양한 특성을 회복하기 위함었다는 것을 말이다.

그래서 이들은 단지 이름 붙여진 자들의 새장을 고집하는, 이름 붙여지지 않은 자들이 아니다. 이름 붙여진 자들도 자신의 새장을 지키고 있다. 이들 스스로 이름 짓는 자들이 자신들에 대해 만든 이미지에 저항하며, 덜 악마적으로 묘사된 집단적 이미지들을 더 긍정적으로 표현한다. 하지만 이러한 이미지에서 이들은 개성과 인간다움을 보여주지 못한다. 집단의 이름은 다르게 붙여질지라도 그러한 이름 짓기로부터 벗어날 수 없다.

무슬림인 미국의 여성 저널리스트 누어 타고우리 Noor Tagouri가 2016년 미국의 월간지 〈플레이보이〉의 '변절자Renegades' 시리즈에서, 그것도 〈뉴욕 타임스〉나 무슬림의 패션 잡지에 나올 법한 몸을 완전히 가리는 옷에 히잡을 쓰고 자신만만한 포즈를 취하고서 표지 모델로 나왔을 때, 무슬림의 소셜 미디어 장이 들썩였다. 하지만 논의의 대부분은 개인으로서 누어 타고우리나 그녀가 했던 인터뷰에 관한 것이 아니었다. 한눈에 봐도 확실한 무슬림 여성이 〈플레이보이〉지에 묘사되었다는 것이 문제가 됐다. 무슬림 여성이 그래도 될까?

'이슬람'에 대한 대중적 이미지를 바로잡기 위해 공개적인 활동을 하는 무슬림들은 무슬림 공동체의 지나친 기대에 노출되어 있다. 명확하게 표현된 적은 없지만 기대임은 틀림없고, 이런 분위기는 계속된다. 결국 자신의 역할을 명확하게 거부하든 하지 않든 간에 대중 앞에 나서서 말하는 무슬림들은 이슬람의 대변자 취급을 받는다.

20억 명에 가까운 사람들이 동질적인 집단을 형성한다면 이에 대한 언론의 이미지가 강박으로 표현되는 건 시간문제다. 이들에 대한 제한적인 이미지만 표현된다고 할지라도 사람들은 이들이 누구에 의해 어떻게 대변되는지 정확하게 알기 원한다. 이를테면 히잡을 쓰기도 하고 안 쓰기도 하고, 묶기도 하고 안 묶기도 하고, 수염이 있기도 하고 없기도 하고, 이러저러한 국가적 관점에 따라, 이러저러한 율법학파에 따라, 시아파인지 수니파인지, 와하브파인지 수피파인지, 문화적인지 실리적 관점인지 등등을 따지는 것이다.

젊은 여성, 특히 이 여성이 히잡을 쓴다면 이러한 대변자로서 받는 압박감은 더 심해진다. 누구나 이들에 대한 판단을 내릴 자격이 있다고 느낀다. 이 여자가 히잡을 쓰고 턱 아래로 묶는가? 그렇다면 보수적인 여자다. 이 여자가 터번처럼 히잡을 머리에 두르는가? 그렇다면 진보적인 여자다. 치마를 입는 여자는 이 공동체에 속한다. 꽉 끼는 바지를 입으면 저 공동체에 속한다. 히잡을 한 번 벗으면 절대로 다시 쓰지 않는가? 그렇다면 그녀가 어떤 행동을 하든 어떤 옷을 입든 그녀의 모든 생활이 검열과 평가와 판단의 대상이 된다. 범주화되고, 목록화되고, 다의성을 빼앗기고, 비인간화된다. 그녀가 이런 것들을 설명하길 원하는 공동체뿐만 아니라, 그녀가 이슬람을 설명하고 '마땅히' 대변하길 기대하는 무슬림 공동체에서도 말이다. 따라서 이는 불가능한 시도다.

2013년 '밉스테르츠Mipsterz'라는 젊은 무슬림 여성들로 결성된 그룹이 2분짜리 뮤직비디오를 온라인에서 선보였다. 이 비디오에서 이들은 유행에 민감한 팝 문화의 라이프스타일을 찬양했다. 스케이트보드를 타고, 웃고, 춤을 추는 젊은 여성들은 몇 주 동안 소셜 미디어의 논의 대상이었다. 무슬림 여성이 그런 음악에, 그런 옷을 입고, 그런 행동을 해도 되는가?

나는 이러한 맥락에서 비판하는 취지들 중 일부는 정당하고 중요한 의미가 있다고 생각한다. 이를테면 〈플레이보이〉와 같은 잡지의 성차별주의나 패션 캠페인에서 다양한 인종의 모델을 세우는 것에 대한 비판이 그것이다. 특히 모델의 다양화는 비서구권이나 비백인들을 정치적으로 포용하려는 노력이 아니라, 이들에게서 구매력을 확보하기 위한 목적이며, 방글라데시나 세계의 낙후된 지역 사람들이 이러한 의류를 생산하기 위해 무자비하게 착취당하고 있다는 것이다. 광고 모델의 다양화는 무화과 잎과 같은 은폐 수단인 셈이다. 비판자들이 권력과 윤리의 문제를 전혀 다루지 않는 경우도 흔하다. 대신 우리 무슬림들은, 특히 무슬림 여성들은 조금씩 개성을 드러내고, 실수의 자유를 누릴 공간을 얻는다. 한편 어느 상황에서나 '모범적'으로 행동하고, 흠 잡힐 일 없도록 처신해야 한다는 요구가 우리의 일상을 가득 채우고, 우리에게서 인간다움을 빼앗아간다. 우리의 흠과 우리만의 특징이 우리를 인간으로 만들기 때문이다.

이와 동시에 흠 잡힐 일이 없도록 강요함으로써 흉악한 폐단에 관한 논의 자체가 차단된다. 이를테면 종교계에서 요직을 맡은 남자들이 성폭력을 은폐하고 지지자들에게 정신적 압박을 가하기 위해 자신의 권력을 남용하는 경우다. 이러한 남용에 관한 공개적인 논의는 처음부터 싹이 잘린다. 그런데도 시도를 하면 '페미나치'[*]라고, 서구화되었거나 불충이라며 거부당한다.[2]

소속 집단의 대중적 이미지에 대한 수동적 강박이 빚은 결과의 또 다른 예가 **강인한 흑인 여성**strong black woman 이라는 미국인들의 고정관념이다. 특히 영화와 대중문화에서 흑인 여성은 태어날 때부터 강인하고, 헌신적이고, 회복 탄력성이 강하고, 독립적인 이미지로 묘사된다. 연구 결과 이러한 긍정적인 이미지가 오히려 스트레스를 건강하게 다루지 못하게 하고 우울증을 악화시킬 수 있다는 사실이 입증되었다.[3] 이러한 맥락에서 특히 놀라운

[*] 페미니스트Feminist와 나치Nazi의 합성어로 극단적 페미니스트를 의미한다.

사실은, 미국에서 상당수의 의료 인력들이 흑인의 통각이 무딘 것이 치료에 영향을 준다는 생각을 가지고 있었다는 것이다.[4] 미국의 저자 겸 배우 로빈 시드Robin Thede는 이를 주제로 한 풍자적 뮤직비디오에서, '약한 흑인 여성Weak Black Women'을 통해 흑인 여성에 대한 지나치고 비인간적인 기대를 랩으로 표현했다.[5]

독일의 시인 막스 촐렉Max Czollek은 자신의 저서 《해체하라!Desintegriert euch!》에서 우리는 "한 집단에 속해 있으면 동일해야 한다는 소속감과 우리는 완전한 존재이고 우리의 완전성을 지켜야 한다는 사상에서 벗어나야 한다"라고 말한다. 모든 인간은 많은 부분들로 이뤄지며 이것들은 계속 움직인다. '깨지지 않는 정체성'은 '위험한 환상'이라는 것이다.[6]

"당신이 적대적인 이미지를 통해서만 당신의 정체성을 유지하려 한다면, 이러한 정체성은 병이다."[7] 이것은 아르메니아계 튀르키예인 저널리스트 흐란트 딩크Hrant Dink의 특히 유명한 인용구로, 촐렉의 사상을 구축하는 기반이 되었다.

따라서 젊은 세대마저 자신이 분류되어 있는 범주의 대변자로 전락해서는 안 된다. 우리는 인생의 과제를 자신이 속한 집단의 완벽한 대변자가 되고, 언제든 생존권을 논의하고, 청중들의 무한한 탐욕을 위해 선동하는 데 이용될 준비를 하도록 다음 세대를 교육해서는 안 된다.

내가 이러한 대변자 역할의 문제점을 인스타그램에서 다루자 한 포에트리 슬래머Poetry Slam•가 나에게 이런 메시지를 보냈다.

> 제가 이민자 출신으로서 왜 이곳에 있고 이곳에 있을 권리를 갖게 되었는지 처음 모든 것을 설명해야 했을 때 딱 이런 기분이었어요. 당신은 이런 압박감을 알고 있나요? 그러는 사이 저는 창조적인 악순환에 있다고 느끼게 되었죠. 이러한 주제들(반인종주의, 이민 경험 등)이 제게 무엇을 바라는지 느꼈기 때문이에요.[8]

자신의 개성을 요구하고 발휘하는 것이 비연대적이어야 한다는 외침은 아니다. 오히려 이것은 다른 소외된 자들이 자신의 이야기를 할 수 있는 길을 터주는 계기가 된다. 이들이 세상 속에 들어가 자신의 꿈을 좇음으로써 차별 구조가 심해지지 않고 이에 대해 반박할 계기를 주는 것이다. 여성이 한 기업의 최고 직책에 올랐다고 저절로 성평등 문화를 더 많이 만들 수 있는 것이 아니다. 불공정한

• 자신이 쓴 자유시를 역동적으로 읽어 내려가는 낭독 대회 혹은 퍼포먼스를 말한다. 1984년 미국 시카고의 마크 스미스에 의해 창안되었다.

성차별적인 구조에 맞서는 기업 총수가 성평등 문화를 만드는 데 훨씬 더 많은 기여를 한다.

　　나는 이러한 의도를 잘 분별할 때도 있지만, 나 역시 불충분함이나 부족함으로 인해 혹은 힘과 에너지가 없어서 자주 실패를 맛본다. 이것은 단순한 일이 아니기 때문이다. 누가 새로운 길을 걷게 될지, 새로운 길이 어디로 향할지 알 수 없다. 어떤 위험이 도사리고 있는지도 알 수 없다. 그가 어떻게 준비해야 하는지, 어떤 진로를 선택해야만 하는지도 모른다. 그래서 실수는 피할 수 없다. 폐단을 통해 강요받지 않는 삶을 살 수 있도록, 폐단에 적응하지 않고, 특권을 갖지 못한 사람들이 연대하여 이러한 폐단에서 벗어날 수 있도록 목표를 설정하는 것만이 유일한 해법이다.

2017년 독일 대안당AfD: Alternative für Deutschland은 12.6퍼센트의 득표율을 기록했다. 독일연방공화국 건국 이래 최초로 인종주의를 표방하는 극우주의 정당이 연방하원에 입성했다.[9] 이 선거가 실시되기 몇 주 전에 나는 이런 글을 썼다.

　　내 심장이 두근거린다. 내 가슴이 죄어온다. 내 안에서 답답한 감정이 불쑥 올라온다. 여름이 지나고 몇 주간의 여행 끝에 나는 드디어 함부르크에 도착했다. 공항에서 우리는 기차를 탔다. 조심스럽게 나는 주변 사람들의 표정을 읽어보려 해봤다. 이들이 친절할까, 불친절할까? 나에 대해 어떻게 생각할까? 내 남편에 대해서는? 내 아이에 대해서는?

몇 분 전에 우리는 여권 검사대에 있었다. 경찰 공무원이 인사를 하는데 우리에게 명령하며 소리를 지르다시피 했다. "독일 여권이 없는 사람은 모두 저쪽으로 가십시오!" 그가 줄을 헤치고 나오더니 마지막에 갑자기 이렇게 외치는 것이었다. "튀르키예 사람은 저쪽으로! 튀르키예 사람은 저쪽으로!"

그는 우리를 뚫어져라 쳐다보았고, 우리는 독일 여권을 손에 쥔 채 가만히 서 있었다. 그리고 그는 다시 줄을 가로질러, 마치 사람이 아니라 쫓아버려야 할 성가신 파리라도 본 양 팔을 힘껏 휘두르며 떠났다.

우리는 여행을 하며 사람들이 우리를 다른 시선으로 보고 있다는 것을 이미 경험했다. 어떤 사람들은 우리를 무시하는 눈빛으로, 어떤 사람들은 음흉한 눈빛으로 본다. 나는 아무 편견 없이 주변 사람들을 관찰하는 아들의 모습을 보고 있었다. 내 아들은 어떤 사람과는 시선 교환에 성공했고 어떤 사람에게는 무시를 당했다.

불쾌하다. 이곳은 내가 태어난 도시, 내 고향이다.

나는 고개를 돌리고 남편에게 기분이 어떤지, 내가 예민하게 구는 것인지 물어봤다. 대부분의 사람들은 국가도 종교도 아닌 외모에 따라 사람을 분류할 수 있다. 우리가 함께 길에 있을 때 혼자 있을 때와는 다른 사회를 경험한다.

나는 작게 속삭이며 말했다. "나는 불쾌해." 남편이 앞으로 몸을 구부리면서 말했다. "나도 그래." 나는 안심했다. 나한테만 문제가 있는 것이 아니라고, 내가 '과민 반응'을 보이는 것이 아니라고 확인을 받고 나니까 마음이 한결 편해졌다.

이날에는 세간의 이목을 집중시킬 만한 사건이 일어나지는 않았다. 나를 보고 욕하거나 소리를 지르는 사람이 없었다. 내가 몇 주 동안 세계를 두루 다니며 여행하지 않았더라면 지극히 정상적인 날이었을 것이다.

이런 체험들을 비교해본 후에야 비로소 그 무게감이 느껴졌고, 며칠이 지나면 내가 다시 이런 것에 익숙해질 것이라는 생각이 들자 견딜 수 없었다. 그런 불쾌함은 이미 우리의 일부가 되어버린 것이다.

몇 주 후 나는 선거 결과를 분석하기 위해 독일의 대형 주간지 편집자들과 함께 TV를 보고 있었다. "우리는 그들을 쫓아낼 것입니다." 선거 결과가 발표되자 독일 대안당의 당 대표 후보였던 알렉산더 가울란트^Alexander Gauland^가 이렇게 외쳤다. 그는 이제 기존의 독일 연방 정부는 따뜻하게 옷을 입을 채비를 해야 할 것이라고 했다. "우리는 우리 국민을 되찾을 것입니다."[10]

등 뒤로 소름이 쫙 끼쳤다. 나는 모든 상황에 대비하고 있었지만 이러한 압력, 이런 발언이 줄 오싹함에 대해서는 준비되어 있지 않았다. 그리고 나는 거리를 마구 쏘다니며 질문을 던져보았다. 지금 내 주변에 있는 사람들 중 누가 소외된 집단과 소수자를 증오하는 정책을 펼치는 이런 당을 지지했을까. 내 옆을 지나가는 사람들 중 누가 나와 같은 사람들이 독일 국민으로 소속되길 반대했을까.

하루가 지났다. 이틀이 지났다. 내 눈은 답을 찾기를 멈췄다. 나는 이런 오싹함에 또 익숙해졌다.

우연히 내가 유대인 철학자이자 랍비 아브라함 요수아 헤셸^Abraham Joshua Heschel^의 글을 읽기 전까지는 그랬다. "놀라는 것을 멈추면 한 사람으로서 개인이 죽는 것이라고 나는 개개인에게 말할 것이다. 나는 매일 아침 햇빛이 비칠 때 그 새로움에 놀란다. 나는 악한 행동을 보고 무관심할 수 없다. 나는 내가 접하는 폭력에 익숙해질 수 없다. 나는 지금도 폭력에 놀란다. 그래서 나는 놀라지 않는 것에 반대한다. 그래서 나는 폭력과 나의 희망을 비교해본다. 우리는 놀라고, 우리에게 적응하지 않는 법을 배워야 한다. 우리는 이 사회에서 가장 적응을 못하는 자들이다."[11]

헤셸의 글을 읽으니 인도의 철학자 지두 크리슈나무르티 Jiddu Krishnamurti가 했던 말이 생각났다. "근본부터 병들어 있는 사회에 적응하는 것은 건강하지 못하다는 증거다."

　　　　나는 어떻게 해야 할지 모르겠다. 놀란 상태에 머물러야 할까. 부당한 것에 익숙해지지 말아야 할까. 연대하고 깨어 있어야 할까. 그런데도 나에게는 삶이 있다. 삶의 기쁨을 느껴야 한다. 나의 길을 가야 한다.

하지만 나는 이렇게 생각한다. 한 사람이 목표를 세우는 순간에 길이 열리기 시작한다. 그가 자신을 특징짓는 이미지를 깨닫고, 자신에게 각인된 특징에 굴복하지 않기로 다짐할 때 길이 열리기 시작한다. 한 사람이 비인간화

를 깨닫고, 평탄하지 않고 자신의 개성을 위해 허락되지
않은 공간을 받아들이고 더 이상 연대를 끊지 않기로 다
짐할 때 길이 열리기 시작한다.

6장   증오는 의견이 아니다

그래서 우리는 전 사회적으로 증오를 무시할 수 없다.

우리는 인간 혐오를 물리쳐야 한다.

우리는 이를 용인해서도, 토론에서 새로운 자극제가 되는 '의견'으로

격상시켜서도 안 되며, 인종주의, 극단주의, 인간 혐오라고 해야 한다.

증오는 의견이 아니다.

문제를 파악하는 가장 좋은 방법은
그 문제의 일부가 되는 것이다.
—아넌드 기리다러다스 Anand Giridharadas[•]

내 인생에서 나는 많은 문제들의 일부였다. 그리고 가장
좋은 의도에서 숱하게 많은 실수를 저질렀다. 특히 자유
주의·자본주의 사회에서는 실수로 여겨지지 않고, 바람
직한 합리적 행위로 간주되는 실수를 많이 범했다.

　페미니즘 여성들이 모인 저녁 식사 자리였다. 나
처럼 공개적인 활동을 하는 약간 어린 백인 여자가 있었
는데 그녀를 보니 과거의 내가 떠올랐다. 당시 내가 느꼈
던 불쾌감까지. 잠깐이었지만 나는 그녀 안에 이 불쾌감
을 공유하고 싶은 누군가가 있다는 생각이 들었다. 그래
서 나는 수많은 사람들을 대변하기 위해 마이크를 잡을
때 부여되는 힘, 그것이 주는 언짢은 기분을 아는지 그녀
에게 물었다.

내가 공영방송의 TV 토론에 초청받은 것은 20대 초반이었다. 타이틀이 정말 자극적이었다. 이슬람이 조금, 독일의 '주류 문화'가 조금 섞인 그런 프로그램이었다. 사실 나는 출연 제의를 거절해야 했었지만, 당시 나는 내 발언이 편견을 없앨 수 있으리라고 믿었다. 그리고 나 자신이 이슬람에 대해 불안을 느끼는 사회 모델의 일부였다는 사실을 그때는 몰랐다. 다른 초대 손님들의 목록은 괜찮아 보였다. 당시에는 잘 알려지지 않았지만 이제는 노련한 토크쇼 진행자가 된 그 사람만 심상치 않았다. 그의 분량이 별문제 없이 넘어간 것은 토크 시간에 그가 다른 사람에게 '이슬람'에 대한 불안과 우려를 확인하려고 했을 때까지였다. 그래서 대부분의 내 친구들이 출연하지 말라고 조언했던 것이다. "그 사람하고 토론해봐야 소용없어." 그들은 말했었다. 내 지인들 중에서는 그를 개인적으로 만나봤던 딱 한 사람만 생각이 달랐다. 그는 이 진행자를 짧게 인터뷰한 적이 있었고 토론을 해도 괜찮은 사람이라고 전해줬다. 나는 그 말을 좋게 받아들였다. 물론 그는 틀림없이 나와는 생각이 다를 것이다. 나에게는 그가 이런 진지한 의견 교환에 관심이 있는지 중요할 뿐이었다. 나는 그와 미리 만나 커피 한 잔이라도 마시며 먼저 이야기를 나눠보아야겠다는 나름 훌륭한 계획을 짰다. 그가 이 주제에 관심이 있다면 우리가 이 토론으로 알찬 프로그램을 만들 수 있으리라고 믿었다. 구조적으로 접근하지 않는 한 논쟁으로 번질 수 있기 때문이었다.

정말 순진한 생각이었다. 실제로 우리는 방송 전에 만났고 그는 정말 편한 대화 상대였다. 우리는 독일의 무슬림 사회의 문제에 관한 이야기를 나누는 한편, 이슬람 공포증Islamophobia[1]과 인종주의를 비판했다. 나는 우리가 서로의 생각을 잘 이해했다고 생각했다. 그건 스튜디오에 들어가기 전까지만 그랬다. 카메라는 이미 돌아가고 있었다.

이슬람 공포증에 관한 진행자의 질문에 내 의견을 말할 차례가 왔다. 그렇게 열린 태도를 보였던 대화 상대가 언짢아하며 이건 주제가 아니라고 반박했다. 나는 깜짝 놀라 이슬람 공포증은 당연히 중요한 주제가 아니라고 했다. 그때 그가 이렇게 받아치는 것이었다. "이슬람 공포증은 병이라는 말처럼 들립니다. 당신은 모든 독일인들이 병에 걸렸다고 말하고 싶은 건가요?"

나는 당황해서 그를 멍하니 쳐다보기만 했다. 카메라 앞에서 완전히 다른 인격이 된 그런 사람에게 내가 어떤 반응을 보여야 할까? 내 뒤에서 청중들이 고함치는 소리가 들렸지만 진행자는 개입하지 않았다. 내가 말을 시작하자마자 무례한 행동은 계속되었다. 나는 화가 나서 청중 쪽으로 몸을 돌렸다. 나중에 TV에서 이런 장면은 볼 수도 들을 수도 없었다.

방송이 끝난 후에도 나는 무슨 일을 겪은 것인지 제대로 파악되지 않았고, 그에게 가서 이슬람 공포증과 병을 비교한 것에 대해 이야기했다. 그 말은 적의에 차고 파괴적이었다고 말이다. 나는 이런 발언이 앞으로 어떻게 이어질 것인지 물었다. 그러자 그가 고개를 끄덕이며 이렇게 말했다. "그래요. 실수였는지도 모르겠군요." 그러고는 그대로 돌아서더니 뷔페로 갔다.

"프로그램은 전혀 문제없었어." 나중에 친구들이 말했다. 사람들이 카메라 앞과 뒤에서 다르게 행동하는 것은 정상이라면서 말이다. 하지만 나는 이런 뻔뻔하고 비양심적인 행동이 거슬렸다. 어떻게 이런 민감한 주제에 의도적으로 비방하고 사실과 어긋나는 말을 할 수 있을까? 그는 자신이 한 말에 행동이 뒤따라야 한다는 것도 모를까?

나의 대화 상대는 자신의 불안을 확인시키며 독일 대중에게 이슬람을 설명한 사람이었다. 반면 나는 이슬람에 대한 불안을 없애기 위해 노력했다. 서로 상반된 기호를 이용했을 뿐 근본적으로 우리의 역할은 같았던 것이다. 우리는 모든 무슬림을 대변하도록 강요받았다. 우리는 둘 다 청중에게 유리 벽 뒤에 숨겨진 이름 붙여지지 않은 자들을 이야기했다. 그는 공포를 퍼뜨렸고 나는 진정시켰다. 하지만 우리는 둘 다 포로처럼 붙들려 있는 상태였다.

누가 나에게 이런 역할을 준 것일까? 나도 마음만 먹으면 불안을 퍼뜨려서 박수와 인정을 받을 수 있었다. 하지만 이러한 언론의 서커스에서 누구도 나의 진정성을 확인하지 않았다. 누구도 내게 주어진 권위를 남용하는 것을 막을 수 없는 상황이었다.

나는 이 젊은 여자에게 자신의 지위가 주는 힘 때문에 불편함을 느낀 적이 없는지 물었을 때 그런 생각이 들었다. 그녀는 이것도 전형적인 여성의 모습이라고 했다. 나이 많은 백인 남성이라면 절대 그런 질문을 하지 않는다는 것이다. 그녀가 옳았다. 자신의 권위가 흔들리지 않는다고 여기는 사람은 절대 그런 질문을 하지 않을 것이다. 하지만 나는 나만의 개인적인 한계가 있다고 생각한다. **나만의 약한 부분이** 있다.

몇 년 동안 이런 게임에 동참한 것은 내 실수 가운데 하나였다. 나와 대립된 입장을 취하는 세력들의 역할은 내부자의 관점에서 집단적 책임 전가를 강화하는 것이었다. 내 역할은 책임 전가에 반대하는 사람들의 대변자로서 입장을 밝히는 것이었다. 독일의 대중들은 우리에게 이런 질문을 했다. 당신들 중 누가 옳은 것이지? 마치 한쪽은 거짓을 말하고, 다른 한쪽은 절대적인 진실을 말하는 것처럼 말이다. 하지만 유일무이한 진실은 존재하지 않는다. 히잡을 쓰도록 강요받는 여성들도 있지만, 자발적으로 히잡을 쓰는 여성들도 있다. 테러를 자행하는 무슬림도 있지만, 테러에 맞서 싸우는 무슬림도 있다. 학교에서 품행이 좋지 않은 흑인들도 있지만, 학자, 교수, 대학 총장이 되는 흑인들도 있다. 그렇다면 이렇게 질문해야 할 것이다. 어떤 것이 예외이고, 어떤 것이 통례인가?

절대적 진실을 둘러싼 싸움은 관심을 자극하는 장치가 되었다. 요즘에는 이런 일만 해도 생계를 이을 수 있고 이슬람 비판론자가 될 수 있다. 전 국민 집단을 대상으로 한 이러한 궁극적인 진실을 둘러싼 싸움은 의미가 없다. 우리는 침체된다. 사회로서 말이다. 그렇다면 폐단은? 폐단은 계속 존재한다.

그리고 나는 이런 프로그램들에 출연해 이렇게 말했다. "그렇습니다. 하지만……" 나는 문제의 원인을 알리기 위해 노력했고, 누군가를 낙인찍는 토론에서 구조적인 토론으로 변화시키기 위해 노력했다. 내게 주어진 임

무는 지적인 여자 청소부들 중 한 사람의 역할을 하는 것
이었다. 아무 소득도 없이 다른 사람들을 위해 거슬리는
것들을 치워주고, 수치, 데이터, 팩트, 건전한 상식을 근거
로 이의를 제기하는 것이었다. 지금까지 나는 성인으로
서 내 인생의 많은 시간을 피해를 막는 데 소비했다. 언제
라도 나를 부르면 달려가 맞설 준비가 되어 있었다. 이런
프로그램들은 지식인의 토론이나 '정당한 이슬람 비판'으
로 꾸며졌으나 실상은 인종주의적인 터무니없는 짓들이
었다.

　　우리의 원래 직업이 무엇인지는 상관없다. 페미니
스트, 환경운동가, 특히 공인으로 활동하는 유색 인종 여
성은 누군가를 대신하기 위해 항상 준비되어 있고, 사생
활이나 일과 같은 모든 것을 내려놓아야 했다. 일례로 라
우라 도른하임^{Laura Dornheim}은 디지털 기업의 경영자이면서
녹색당에서 활동하고 있다. 사람들은 적극적인 사회 참
여 활동을 하는 그녀에게 언제든 부르면 달려와주길 바
란다. 그녀는 항상 소셜 미디어의 공격에 노출되어 있고
이러한 공격은 그녀의 정신세계까지 침범했다. 특히 도
전적이었던 시기에 그녀가 나에게 이런 글을 보냈다.

　　"당신들이 나에게 원하는 게 뭐지?" 나는 어둠 속

에 소리치고 싶다. 익명성이라고 느껴지는 어둠에서 나를 끌어내어 누군가 매일 수백 유로의 사치품이 들어 있는 택배를 내 개인 주소로 보낸다. 대체 그들은 내게 뭘 원하는 거지?

물론 나는 그 의미를 아주 정확하게 알고 있다. 이들은 자신들의 병적인 자아를 내세우려고 우월함을 과시하며, 나를 골탕 먹이고 제대로 굴욕감을 줄 수 있다고 생각한다. 이들은 아마 정치 활동을 하는 여자들이 한마디도 못길 바랄지도 모른다. 어쩌면 이들은 자신들에게 관심을 주길 바라는지도 모르겠다.

유감스럽게도 후자가 맞다. 내가 이런 사람들을 끔찍이 증오하는 만큼, 나는 오늘 저녁에 완전히 다른 행동을 취하려고 했다. 거의 강제적으로 지금 나는 몇 초 간격으로 멘션을 클릭한다. 어떤 것들이 더 올지 확인하기 위해서다.

이것은 몸으로 겪는 경험이다. 아날로그든 디지털이든 폭력을 경험해본 사람은 그 느낌을 안다. 내가 완전히 편협한 시각으로 인해 무너져 있는 동안, 동공은 확장되고, 맥박은 빨리 뛰고, 현기증이 난다. 속도 메스껍다. 내 몸이 불안함을 느낀다. 나도 불안하다. 불과 트윗 몇 개일 뿐인데. 그냥 잘못 온 택배일 뿐인데. 그래, 아직은.

나는 내 신념을 위해, 공개적으로 누군가가 가까이 다가오지 못하게 할 수 없다는 것을 안다. 하지만 나와 수많은 사람들이 끊임없이 치러야 할 대가가 너무 혹독하다는 것을 안다.

그리고 나는 많은 사람들에게 이 대가가 혹독하다는 것을 안다.

'공적'인 존재가 치러야 할 이러한 대가는 무시되기 일쑤이고 이것이 표준화된다. 우리는 언제든 출동할 준비가 되어 있다고 답해야 한다. 내가 많은 여성들에게 이러한 압박감에 대해 공개적으로 물었을 때 저널리스트 안나 두심Anna Dushime이 이런 글을 보냈다.

> 첫째, 내 의견을 말하지 않고 (비교적, 여전히 작은 규모의) 내 플랫폼을 사용하지 않으면 내가 속해 있는 커뮤니티에 양심의 가책을 느낀다. 둘째, "세인트루이스에서 일어난 사건은 정말 최악이야. 너도 그 비디오 벌써 봤니?" 이런 제목의 경찰 폭력 비디오를 나한테 보내는 둔감한 백인 친구들에게 화

151

가 난다. 내가 무사한지 확인하면서 흑인의 솔직한 반응을 알아내려는 그들의 저의가 궁금하다. 셋째, 나는 내 전문 영역의 사람들에게 화가 난다. 그들은 나에게 반쪽짜리 기자회견과 온전한 워크숍을 원한다. 나는 그들에게 배운 적이 없다. 나는 이런 것들과 관련이 있는 인종주의적 혹은 성차별적 사건을 이해하려고 노력하면서 이런 감정들을 분류해야 한다.

저널리스트이자 유명 주간지의 온라인 편집자인 버네사 부Vanessa Vu는 자신의 역할에 대해 이런 발언을 했다.

인종주의적이고 성차별적이거나 계급차별적 공격을 받고 무기력한 상황에 맞닥뜨렸을 때 나는 사고를 당한 것 같은 기분이었다. 나는 외면할 수도 없었고 그걸 원치도 않았고, 잠자코 있다가 상황을 진정시키려고 했다. 하지만 그렇게 함으로써 내 욕구와 목표를 등한시한 셈이다. 이런 일을 한번, 두 번 겪다 보면 아무 일도 아닌 것이 된다. 교통사고와 달리 나는 매일 인종주의적 돌발 상황에 부딪힌다. 이러한 끝이 보이지 않는 응급처치 작

업을 하느라 나는 엄청난 에너지와 지적 능력을
빼앗긴다. 내가 이런 능력을 혁신적이고, 권한이
있는, 지속적인 작업에 투자하면 좋았을 텐데.

페미니스트 작가 마르가레테 스토코프스키^{Margarete Stokowski}
는 몇 년 전부터 정확하게 이러한 인터페이스에서 일하
고 있다. 인기가 많고 수용 폭이 넓은 칼럼을 통해 그녀는
직업적으로 최신 정치·사회·문화적 사건을 비판적으로
조명한다. 이 칼럼은 개인으로서 인종주의적·성차별주의
적 사고를 지닌 사람들에 대한 투영면이 되어가고 있다.
그래서 그녀는 사람들이 자신에게 거는 기대에 관한 글
을 나에게 보냈다.

> 저는 이것이 정치적으로 활동하는 사람이라면 언
> 젠가는 거쳐야 할 배움의 과정이라고 생각해요.
> 인간이 자신의 한계에 유의해야 한다는 사실을 깨
> 닫는 것이죠. 일반적으로 다른 사람들은 그렇게
> 하지 않아요. 그런데도 자신의 능력과 욕구를 스
> 스로 알고 그에 따라 행동하는 것이 합리적이죠.
> 하지만 이 주제가 중요한 만큼 자신의 건강과 일
> 할 수 있는 능력을 지키는 것도 중요해요. 저는 사

람들이 '활동가의 번아웃activist burnout'을 겪는 것을 이해해요. 저는 사람들이 질문할 때 항상 무언가 답을 해야 한다고 느끼지 않아요. 저에게는 모든 것에 대해 항상 제 의견을 말하지 않아도 될 자유, 모든 것에 대해 즉시 완성된 의견을 내놓을 준비가 되어 있지 않아도 될 자유가 있고, 이것이 모든 질문에 답하거나 모든 것에 대해 내 입장을 표명하려는 욕구보다 훨씬 더 중요해요. 하지만 다른 사람들이 공격을 받으면 물러서기 어려워져요. 원래 제게 그러한 자원(시간, 힘, 신경 등등)이 없다고 해도 돕기 위해 무언가 하려고 해요. 이것은 때로는 상당히 고된 일이지만 저는 이런 상황에서 무언가를 바꿔보겠다는 태도도 바람직하지 않다고 생각해요.

런던에 거주하고 있는 프랑스계 아일랜드 저널리스트이자 영화 제작자 미리암 프랑수아Myriam François는 토론 프로그램에서 수년 동안 무슬림이자 페미니스트로서 극단적인 입장의 토론을 해달라는 요청을 받아왔다고 한다. 하지만 그녀는 이러한 토론 형식들이 너무 작위적이어서 참여자들은 개인적인 관점과 전혀 다른 입장을 취하게 되고, 자신도 모르게 대립을 더 부추긴다고 말한다. 그래서 이제 그녀는 이런 형식의 토론에는 참여하지 않는다. "저는 서커스에서 재주를 부리는 동물이 아닙니다. 저는 TV 방송이 어떤 식으로 돌아가는지 알고 있지만 개인적으로 방송에 관심이 없습니다."

언젠가 나는 이러한 보여주기 논쟁을 연출하는 사람들이 미리암 프랑수아와 나 같은 사람들이 거부하고 있는 것을 신뢰하고 있다는 사실을 깨달았다. 그리고 이러한 싸움은 우리가 동참할 때만 가능하다는 것을 깨달았다.

우리에게 초대 손님의 거짓되고, 의도적으로 선동하는, 계산된 인간 혐오 발언에 반대 의견을 제시할 것을 의뢰할 때 편집국에서는 저널리스트의 주의의무注意義務를 소홀히 한다. 지난 몇 년 동안 나는 편집자들에게 초대 손님의 오류, 거짓, 조작, 선동 여부를 밝혀내는 것은 내가 아닌 당신들의 책임이라는 것을 설명하기 위해 많은 시간을 소비했다. 이러한 저널리스트들의 핵심 업무를 외부업체에 위탁하는 시스템이 인간 혐오, 인종주의, 성차별 등을 **의견 혹은 입장**으로 부각시킨 것이다. 그리고 우리의 참여는 **반대 의견 혹은 반대 입장**이 된 것이다.

수많은 편집 관련 종사자들과 출판인들이 자신이

한 일에 대한 책임을 회피한다. 인간의 생존권을 협의하는 논쟁이 이들에게는 '단지' 논쟁에 불과하기 때문이다. 단지 말에 불과하다. 그냥 게임이다. 하지만 말은 절대로 '단지' 말에 불과할 수 없다. 모든 말에는 영향력이 있다. 인간은 말 때문에 변하고, 우리는 말로 인간을 표현한다. 인간은 말에 표현된 특성대로 된다.

아프리카계 미국인 심리학자 클로드 스틸^{Claude Steele}은 《고정관념은 세상을 어떻게 위협하는가》에서 사회의 고정관념이 해당 집단에 끼치는 영향을 다루었다. 그는 부정적인 고정관념으로 인한 불안이 현실이 될 수 있다는 사실을 밝혔다. 사회적 정체성은 학교 성적과 기억력에 영향을 끼친다. 이것은 인간이 어떤 상황에서 자신의 능력을 입증해야 한다는 압박을 받고, 어떤 특정한 상황에서 긴장이 풀렸다고 느끼는지에 영향을 준다. 스틸은 우리가 일반적으로 개인적 능력, 개인의 동기 구조, 성격상의 특징을 통해 이미 결정되어 있다고 가정하는 모든 것에 대해 그렇다고 주장한다.

스틸과 동료 연구자들은 자신이 속해 있는 사회적 집단에 대한 부정적인 가정들이 존재한다는 의식만으로도 개인의 능력에 영향을 끼칠 수 있다는 사실을 입증했다. 테스트 환경에서 이들의 집단 소속이 주제화되지 않앉을 때도 결과는 같았다. 고정관념이 인간에게 끼치는 영향은 이러한 고정관념이 옳다고 여기는 사람들의 존재 여부와 무관했다. 고정관념은 단지 그 사회에 존재하기 때문에, 당사자들이 고정관념에 대해 알고 있기 때문에 영향을 끼치는 것이다.[2]

몇 년 전 나는 니체의 이 문장을 읽고 전업 작가로서 활동을 시작했다. "적과 싸우는 것으로 살아가는 사람은 적이 살아남아 있다는 데 관심이 있다."[3] 나는 이러한 파괴적인 메커니즘이 나의 내면 깊은 곳 어디에서 생겨난 것인지 스스로 물었다. 하나는 증오심으로 가득한 논쟁들, 다른 하나는 그에 대한 반응이었다. 내가 싸우고 있는 구조들을 은밀하게 고집하길 원했던 것일까? 아니다. 나는 쉽게 그런 결심을 하지 않았다. 그것은 아니었다. 하지만 내 인생의 결정들은 그런 방향에 맞춰져 있었다. 나는 몇 년 동안 저널리스트라는 직업으로 생계를 유지하겠다는 생각은 하지도 않았고 대학에서 일했다. 나는 이러한 나의 의도를 시험해보고 싶었고, 내가 쌓아왔던 개인적 가치를 공식적·경제적 인정으로부터 분리하고 싶었다.

나는 아무것도 그리워하지 않겠다고 다짐했다. 대신 나는 홀가분함, 자유를 느꼈다. 내 일은 정치적 변화와 아무 관련이 없었고, 그 영향은 더 한정적이었다. 한번은 언론계에 종사하는 무슬림이 아닌 백인 친구가 나에게 안 좋은 소식이 있다고 했다. 앞으로 무슬림과 이민은 대중에게 더 이상 가장 중요한 주제가 아니리라는 것이었다. "이게 나쁜 소식이야?" 내가 웃으면서 그에게 물었다. 나는 사회 정책의 위기에 대한 희생양 역할을 하지 않는 것보다 더 좋은 것을 상상할 수 없었다. 이 게임은 실제 문제에서 다른 것으로 관심을 돌리게 하는 것이었고, 나는 그중에서 일부는 정말 잘못되었다고 확신했다.

"인종주의의 가장 심각한 기능은 관심 돌리기다." 토니 모리슨Toni Morrison이 이런 말을 한 적이 있었다. "인종주의는 당신이 일하지 못하게 한다. 인종주의는 당신이 존재하는 이유를 거듭 설명하게 한다. 누군가는 당신에게 언어가 없다고 말하고, 당신은 자신에게 언어가 있다는 것을 입증하기 위해 20년을 보낸다. 누군가는 당신의 두뇌 형태가 다르다고 말하고, 당신은 학자들에게 당신의 두뇌 형태가 옳다는 것을 입증하기 위해 연구를 시킨다 (……) 이 중에서 필요한 것은 아무것도 없다. 또 다른 핑곗거리들이 끊임없이 나올 것이기 때문이다."[4]

또 다른 것들이 계속 나올 것이다. 이를테면 흥미롭고, 미래지향적인 주제들을 다루기 위해 우리를 대신해서 나와 다른 수천 명의 삶을 바치게 한, 또 다른 불합리, 또 다른 '전문가의 의견들'이 바로 그것이다. 우리는 상황이 더 악화되지 않게 할 뿐인, 의미 없는 싸움의 일부가 되기 위해 우리의 힘을 낭비했다.

몇 년 전에 나는 단상 토론에 참여했다. 당시에 저명했던 저널리스트는 그 대화를 '수준 하락Niveaulimbo'[*]이라고 이해했던 듯하다. 그는 무슬림들의 쉽게 흥분하는 성격은 어디에서 오는 것이냐며 빈정거렸다. 그리고 무슬림들에게는 섹스와 알코올이 없다고 했다. 또한 그는 그 자리에 모인 사람들에게 이슬람과 교육 거부에 상관관계가 있는지 진지하게 물었다.

나는 청중석에서 그를 뚫어져라 쳐다봤다. 우리는 시선이 마주쳤다. 보아하니 그날 저녁에 그는 청중석에 우리 같은 무슬림이 없기를 바랐던 듯했다. 그는 내 시선을 회피했다. 나는 의견을 말하기 위해 일어났다. 그는 고개를 완전히 홱 돌렸다. "저를 쳐다보셔도 됩니다. 아니면 제 존재가 당황스러운가요?" 내가 물었다. 아마 그는 당황했을 것이다. 그의 주장에 따르면 나 같은 여자는 절대 존재할 수 없다. 나는 행사 직후 그에게 가서 어떻게 그런 입장을 갖게 되었는지 물었다. 그는 이렇게 말했다. "저는 이슬람 전문가가 아닙니다. 그들이 나를 초대 손님으로

[*]   독일 민영 방송의 수준이 점점 떨어지는 현상을 일컫는 표현

부른 것이죠. 당연히 뭔가 터뜨릴 게 있어야 했고요."

아프리카계 미국인인 마야 앤절로는 어린 시절 5년 동안 침묵해야 했다. 어머니의 친구였던 성폭행범의 이름을 밝혔을 때 그녀는 고작 여덟 살이었다. 얼마 후 이 남자는 죽은 채 발견되었다. 그래서 그녀는 말의 위력에 충격을 받고 말문을 닫았다.[5]

무고한 여덟 살 소녀는 자신의 말에 책임감을 느낀 반면, 어른들은 증오심으로 가득한 메시지가 "한 방 터뜨릴 것을" 계산하고 의도적으로 유포한다. 오직 즐거움을 위해. 그러한 보여주기 논쟁이 양극화될수록 재미를 느끼는 청중들에게는 더 많은 변화가 일어난다. 이러한 입장이 명확하고 동질적일수록, 태도가 이상화되어 있고 타협이 불가능할수록 사회의 배수로는 더 깊어진다. 의심, 망설임, 성찰을 위한 공간이 거의 남아 있지 않아서 우리는 결국 그럴 가능성이 있었다는 사실을 잊고 만다.

더 말해도 된다. 이런 보여주기식 미사여구 때문에 미디어 논쟁의 품위, 존중, 감정 이입 능력은 물론이고 학문적 엄밀성과 사실성은 뒤처졌다. 이러한 관점의 옹호자는 2010년, 여기에서 언급할 필요도 없는 제목의 책을 발표했던 틸로 자라친[Thilo Sarrazin]이다. 튀르키예계 독일인 소설가 하티스 아퀸[Hatice Akyün]은 이러한 순간을 전환점이라고 표현했다.

> 틸로 자라친은 말로 할 수 있는 것의 한계를 돌이킬 수 없는 수준으로 옮겨놓았다. 편집자들은 일반적으로 검찰에서 다룰 발언을 독자들의 논쟁에 맡겼다. 사람들은 아주 자연스럽고 세련되게 우생학, 우중충한 인종주의, 이민자들이 독일을 위해 이용 가치가 있는 일을 했는지에 관한 논의를 한다. 이해득실만 따지는 조야한 관료주의자들이 철저한 학문적 지식을 바탕으로 한 의견인 듯 무한 반복으로 내뱉는 상투적인 말들. 언론에서 입지를 굳히고 탄탄한 플랫폼이 있는 속물들의 뒤에서 지지자들은 극단적으로 변하고, 거친 일반화와 천박화, 편파적인 책임 전가를 집행하는 자가 된다.[6]

아퀸은 자신의 동료들이 자라친의 발언이 다 나쁜 것은 아니라며 어떻게 설명했는지 이야기했다. "그리고 이들은 말의 늪에 빠져 한 방울의 맑은 물을 찾는다."

뜬금없이 폐단이 나타나는 경우는 드물다. 폐단은 대개 몇 년에 걸친 준비를 한다. 이러한 폐단이 우리 사회를 관통하고 있는 배수로라는 사실을 모두가 보지는 못한다. 이런 일들은 특권을 가진 자들이 경험할 수 없는 장소에서 일어나기 때문에 자신이 그 일과 관련이 있을 때만 문제를 인식하게 되는 것이다. 이들에게 다른 사람들의 경험과 지식은 가치가 더 떨어지기 때문이다.

나중에는 너무 늦을지 모르겠다. 이타주의적 관심이나 더 적은 특권을 누리는 자들에 대한 연대 의식이 없다면, 적어도 이들이 겪은 일에 한 번이라도 눈길을 돌리고 그 안에서 미래를 위한 가능성을 찾는 것도 가치 있는 일이다. 우리 모두에게 어떠한 당면 과제가 있는지 알고 싶은 사람이라면 현재의 사회 구조에서 이미 고통받고 있는 자들의 말에 귀 기울여야 한다. 세계의 가난한 자들, 세계에서 외면당하는 자들, 이들은 기후 위기, 자본주의, 소비 중독, 소셜 미디어의 추악한 얼굴을 알고 있다. 특권을 가진 자들이 미래의 당면 과제를 어떻게 고민하는지, 이미 오래전부터 이러한 과제가 무엇인지 알고 있었고, 이미 오래전부터 이 문제를 언급하고 글로 써온 모든 이들을 어떻게 무시해왔는지 보면 때로는 웃프기까지 하다.

특권을 가진 자들의 우파 포퓰리즘과 우파 극단주의가 민주주의에 대한 위협으로 진지하게 받아들여지기 수십 년 전부터, 우파의 표적들은 이런 것들과 관련해 이미 경고를 받았다. "독일 대안당을 참아주고 무시하는 것은 흑인과 유색 인종이 가지지 못한 특권이다." 정치학자 오잔 자카리야 케스킨킬리츠^{Ozan Zakariya Keskinkılıç}는 이렇게 썼다.[7] 그래서 우리는 전 사회적으로 증오를 무시할 수 없다. 우리는 인간 혐오를 물리쳐야 한다. 우리는 이를 용인해서도, 토론에서 새로운 자극제가 되는 '의견'으로 격상시켜서도 안 되며, 인종주의, 극단주의, 인간 혐오라고 해야 한다. 증오는 의견이 아니다.

수십 년 전부터 언론계와 정치계에서 이슬람교가 독일 사회를 구성하는 요소인지 묻는 진지한 논의가 공개적으로 이루어져왔다. 어떤 의도와 목적으로 이런 문제를 제기한 것일까? 우리는 그것이 무엇을 의미하는지, 이에 대해 사람들이 어떤 결론을 내릴지 알고 있지 않은가? 우리가 어떤 쟁점에 대해 '아니요'라고 결정한다면 무슬림들은 독일에 속하지 않는다는 말인가? 그러면 무슨 일이 벌어지겠는가?

이 사회의 대다수의 사람들에게 인종주의, 인간 혐오, 차별에 관한 논쟁은 폭도들이 쫓고, 건물에 방화를 하고, 살인이 일어난 후에야 비로소 현실이 된다. 증오, 원한, 폭력, 거부는 나와 같은 사람들, '다르다'고 표시된 사

증오는 의견이 아니다

람들에게는 일상적 현실이지만, 갈등이 극에 달했을 때야 대부분의 사람들의 눈에 이런 것들이 보인다. 소수자와 소외된 집단들이 경험하는 일은 전조에 불과하다. 우리는 음지에서 일어나는 일을 이들이 말로 표현할 때 귀기울여야 한다. 이런 것들에 대해 한마디의 말도 표현하지 않는 경우도 있다. 이들은 우리 민주주의의 위기를 가늠하는 지진계다.

2016년 튀르키예의 쿠르드족 출신 작가 멜리 키약Mely Kiyak은 오토-브레너상Otto-Brenner-Preis 수상 기념 연설에서 유색 인종이나 이민자 출신의 저널리스트들이 감내해야 할 증오 발언을 근거로 이러한 현상을 설명했다.

2006년 1월 19일, 내가 독일의 주간지 〈디 차이트 Die Zeit〉 사설의 머리기사로 처음 기고하기 시작한 이래, 앞에서 서술했던 반응이(증오 연설이나 증오 편지가) 없었던 원고, 칼럼, 인터뷰는 단 한 번도 없었다. 단 한 편의 원고도 없었다! 그런데 내가 아는 한 동료는 이 분야에서 일하면서 받은 항의 편지가 고작 세 통이었다.

나는 온라인 혐오 발언이 아니라 실물 편지나 이메일도 언급하고 싶다. 매주 분노, 욕설, 고소, 협박이 빗발친다. 내가 쓴 글의 내용에 관한 편지는 거의 없고, 대개 내가 썼다는 것을 문제 삼는 편지다.

최근에 독자들이 페이스북이나 트위터 등 SNS 때문에 아주 공격적이게 됐고, 이에 관한 연구 결과도 있다고 한다. 하지만 나는 이것을 진지하게 받아들일 수 없다. 내 경험이 그렇기 때문이다. 다만 나는 그렇게 알고 있을 뿐이다.

우리는, 약간 다르게 들리는 이름을 가진 수많은 동료들은, 10년 전에 독일인 동료들에게 도움을 청하며 이렇게 말했다. 우리가 심한 괴롭힘을 당하고 있으니 제발 도와달라고. 이 요청에 이들은 항상 냉담한 반응을 보였다. 이들은 그때 거기에서 일어났던 일이 소수자의 문제라는 그릇된 믿음을 갖고 있었다. 그 대상이 지금은 우리지만, 내일은 너희가 될 것이라고 말했을지라도!

동료들이 이러한 증오를 문제로 인식하고 글을 쓰기까지 10년이 걸렸다. 그런데 이들은 "당시에는 지금처럼 심각한 상황이 아니었어. 지금은 모든 것이 훨씬 저속하고 고삐가 풀렸지"라며 정신 나간 소리들을 하고 있다.

물론 틀린 말이다. 과거에도 지금처럼 상황은 나빴고, 역겨웠고, 파렴치했고, 저급했다. 그런데 이 일을 '우리'만 당했다.[8]

최근 몇 년 전부터 급속히 확산되고 있는 온라인 혐오 발언에 사람들이 경악하며 논의하고 있다. 하지만 다른 자들에게 이것은 오래전부터 배경 소음과 같은 것이었다. **온라인 혐오 발언이 당신들에게 무슨 짓을 하고 있습니까?** 나는 2016년 작가 아네 비초렉 Anne Wizorek과 함께 다른 페미니스트들에게 물었다. 당시 비초렉은 온라인 혐오 발언은 우리로부터 가벼움, '근심 걱정 없음'을 앗아갔다고 썼다. 기업 컨설턴트 두두 퀴츠크괼 Dudu Küçkgöl은 온라인 혐오는 우리에게서 '시간과 에너지'를 앗아갔다고 했고, 폴란드계 독일인 작가이자 칼럼니스트 마르가레테 스토코프스키는 사람을 '지치게, 끊임없이 지치게' 만든다고 했다. 그리고 정치인 아미나 유사프 Amina Yousaf는 이 질문에 이렇게 답했다. "저는 모든 포스트에 대해, 불안해하지 않고 글을 쓰고, 공유하고, 포스팅할 수 있을지 곰곰이 생각해봅니다. 그래서 스스로 검열하기 시작했죠."

인간은 절대 이러한 혐오를 체험하는 정치적 논쟁의 일부가 되어서는 안 된다. 많은 사람들이 인터넷에서 눈에 띄어 홀로 표적이 된다. 흑인, 유색 인종, 성소수자 LGBT*, 장애가 있는 사람, 특히 여성이 이러한 혐오에 노출되어 있다. 10세에서 50세까지 9천 명의 인터넷 사용자를 대상으로 한 설문 조사에 따르면 남자보다 여자가 디지털 성희롱과 사이버 스토킹을 훨씬 더 자주 당했다.[9]

　　우리가 온라인 혐오 발언을 문제시했을 때 '그냥' 인터넷에서 하는 소리일 뿐이라며 그렇게 행동하면 안 된다는 말을 자주 들었다. 자신의 의견을 공개적으로 밝히는 사람은 '역풍'을 맞을 것까지 계산해야 한다고들 했다. 문제는 이러한 혐오가 아니라, 혐오를 '자극했던' 우리였다. 온라인 혐오에 관한 논의에 백인 남성 편집자들이 관심을 보이기 전에는 그랬다. 당시 이러한 혐오 발언의 현주소는 특권을 가진 자들이 증오의 실상을 체감하기 전이었다.

　　이러한 논의는 대중적 관심이라는 경기 주기와 같은 논리를 반복적으로 따른다. 인간을 혐오하고, 성차별적이고, 인종주의적인 입장은 우리가 그에 대한 반응을 보일 거라고 예상되는 가운데 하나의 의견으로 격상된다. 우리는 서커스 공연장에 가도록 요청받고, 뒤처리하고, 해명하고, 방어하게 된다. 우리는 인간이 인간다움을 잃음으로써 먹고사는 자들의 게임에 동참해야 한다. 우리는

* lesbian, gay, bisexual, transgender, questioning (or: queer), intersex의 약자

167

얼마나 오랫동안 그것을 원하고, 그렇게 할 수 있을까?

> 우리는 당신들에게 혐오와
> 인종주의를
> 퍼뜨리고 일반화하는 것을
> 멈춰달라고 애원했다.
> 하지만 당신들은 '정치적으로
> 올바르고'
> '표현의 자유'가 더 중요하다고
> 생각한다.
> 당신들이 극우주의자들에게 더 많은
> 플랫폼을 제공할수록
> 그들은 더 강해진다. 우리는
> 당신들에게 애원했다.
> ─뉴질랜드 모스크 테러 사건 후에
>   저널리스트 오스만 파루퀴Osman Faruqi가
>   쓴 글

우리는 이상한 시대에 살고 있다. 고통받는 인간으로서 당신은 자신의 고통을 너무 노골적으로 드러내서는 안 된다. 당신의 이웃들이 당신을 견뎌내도록, 당신의 이웃

들이 당신에게서 인간의 모습을 볼 수 있기를 억지로 참아내고 숨겨야 한다. 지금까지 우리는 누군가가 우울증이 있다고 고백하면 그것이 '용기 있는' 행동이라고 생각했다. 최대한 어떠한 구조적 변화도 요구되지 않고, **이 사람이 자신의 운명을 받아들이는** 선에서는 그랬다. 그러나 빈곤, 실존적 불안, 위협적인 근심 혹은 마비될 듯한 통증같이 사람들이 자신의 삶을 누리는 것으로부터 멀어지게 하는 이 모든 것들은, 이런 문제들을 어렵지 않게 해결할 수 있는 이들에게 짐이 되어서는 안 된다고 한다. 근심할 일이 없는 사람들은 다른 관점을 받아들이지 않고 자신이 누리고 있는 것에 대해 의심하지 않는다.

그래서 많은 사람들이 자신이 짊어진 삶의 무게를 감추고 가벼움으로 위장한다. 말을 많이 하지 않고, 웬만해서는 도움을 구하지 않고, 웬만해서는 다른 사람들의 삶에 방해가 되지 않는 법을 배웠던, 예전의 이웃집 할아버지처럼 말이다. 우리에게 부담을 주는 불안함. 당시 나는 이러한 불안함을 받아들이는 것이 버거웠다. 이따금 우리는 축일에 이웃집 할아버지를 초대했다. 그때 나는 그가 말하고 싶은 욕구를 어떻게 억누르는지 관찰했다. 그가 더 젊고 빠른 사람들로부터 그 자리에 있는 것을 허락받기 위해 어떤 식으로 조용히 고개를 끄덕이는지, 이 공간의 다른 모든 사람들과 달리 자신의 경험 세계에 대해, 자신의 삶에 대해 왜 말하지 않는지, 왜 불평하지 않는지, 자신의 근심을 그 자리에 모인 사람들과 왜 나누지 않는지 말이다. 그는 소속감에 대한 환상을 갖고 있던 것이다.

우리 사회에서 인종주의 경험에 대한 행동 양식도 이와 유사하다. 매일 모욕을 당하고, 시비가 붙고, 욕설을 듣거나 증오로 가득한 시선을 받는 사람은 이런 것에 대해 불만을 터뜨리지 않는 게 더 낫다고 조금씩 배워간다. 그 대상이 그런 일들을 그냥 지나칠 수 없는 직장 동료든, 대학의 동급생이든, 스포츠 스튜디오의 친구든 간에 말이다. 이들은 다른 사람들의 거룩한 세상에 대한 환상을 무너뜨리지 않도록 배운다. 굴욕감을 숨기라고 말이다.

그런데 이것이 현실이다. 인종주의는 내 일상의 일부다. 나는 엄마가 된 후 여러 차례나 육체적으로 공격을 받았다. 2019년 3월, 임신한 베를린 여자가 한 남자에게 배를 가격당했다. 언론은 그녀가 히잡을 썼기 때문에 공격을 받았다고 보도했다. 그녀가 공격을 당한 이유는 히잡이 아니라 사실은 범인이 인종주의자였기 때문이었다.[10] 인종주의 공격은 이러한 공격에서 상징적이고 정치적 의미가 내포된 추상적인 수치도 통계도 아니다. 이들은 주류 사회에서 어떻게 반응하는지 정확하게 간파한다. 어떤 구성원들이 현장에 방문하는가? 어떤 건물 앞에서 침묵 시위를 하는가? 사람들이 얼마나 많이 페이스북이나 트위터, 인스타그램의 프로필 사진을 변경하는가? 이들이 애도를 하는가? 어떤 주제에 대해 특별 방송 프로그램이나 토크쇼가 진행되는가?

난민을 옹호하고 극우파의 협박을 받던 카셀 시장 발터 뤼프케^{Walter Rübcke}와 같은 정치인이 재임 중 총에 맞은 채 발견되었을 때, 맨 먼저 할 일은 정치적 암살 의혹에 대한 진실 여부를 밝히는 것이 아니다. 의혹을 풀고자할 때는 이런 질문을 한다. 우리가 이 의혹을 어떻게 다룰 것인가? 여기에 포함될 수 있는 모든 이들은 이 의혹에 대한 언론과 정치의 반응을 아주 정확하게 관찰한다. 그리고 묻는다. 어떤 위협과 불안을 우선시할 것인가? 어느 부분에 주목시킬 것인가? 지나치다 싶은 '신중함'과 망설임을 위해 언제 노력할 것인가?

2019년 3월 15일, 뉴질랜드에서 극우파 테러리스트가 머리에 카메라를 묶고, 두 곳의 이슬람 사원에서 50명을 사살하는 것을 인터넷으로 생중계했던 사건을 기억하는가? 이후 며칠 동안 가장 파급력이 강한 정치적 TV 토크 프로그램에서는 이런 주제들을 다뤘다. "최대

생산 능력과 과로 사이, 언제 일은 병적으로 변하는가?",
"압박을 받는 여성, 압박을 가하는 남성, 항상 그럴까?",
"유럽에 저항하는 포퓰리스트: 브렉시트는 이제 시작에
불과한가?"[11]

이 살인 사건에 함께 거론된 사람들은 묻고 싶다.
우리의 삶은 동정받을 가치가 있는가?

나는 비교적 늦게 이 암살 소식을 들었다. 매일 아
침 어린이집에 가는 길에 처음으로 핸드폰을 봤다. 내 아
들이 자전거로 공원을 몇 바퀴 더 돌고 오겠다고 했을 때
였다. 아들을 기다리는 동안 나는 친구로부터 소식을 전
해 들었다. 그녀는 이 암살 소식에 경악을 금치 못했다.

나는 내 상태가 어떤지 몰랐다. 지금 나는 이 사건
에 대해 생각을 하면 안 되고 생각을 할 수 없다는 것만
알 뿐이었다. 나는 몇 분 동안 사건을 떠올리지 않으려 애
썼고 행복한 세상을 사는 척 연기해야 했다. 이 소식을 제
쳐두고 지금 이 순간 이곳에서는 내 아들의 옆에 있다는
생각만 하려고 노력했다. 우리의 일상생활로 두려움이
파고들지 못하도록 말이다. 매일 아침에 그렇게 하듯이
아들과 나는 헤어질 때 이마에 뽀뽀를 했다. 그제야 나는
무슨 일이 일어난 것인지 집중할 수 있었다.

나는 뉴스를 읽었다. 곳곳에서 암살범의 비디오가

뜨면서 자동으로 재생되었다. 사람들이 소리를 지르고, 울고, 두려움에 사로잡힌 채 멍하니 살해 현장에 서 있었다. 눈물이 솟아올랐다. 하지만 나는 기차 안에 있었고, 낯선 사람들이 있는 곳에서 눈물을 보이고 싶지 않았다. 나는 동정을 원하지도 않았다. 굳이 설명할 필요도 없었다. 내가 얼마나 왜 충격을 받았는지 그 누구에게도 설명하고 싶지도 않았다. 한가운데에 세워진 채 많은 것들이 발가벗겨졌고, 이들의 상처가 드러났고, 조롱을 당했다. 새로 이야기를 할 필요도 없었다. 모든 것은 이미 알려져 있지 않던가. 모두의 눈에 증오가 보이지만, 이들은 그저 구경꾼처럼 보고 있을 뿐이다.

사람들은 우리가 인간으로 인정받기 위해 고통받는 사람이 있어서는 안 된다는 사실부터 알아야 한다.

2019년 5월, 미국 앨라배마에서 가장 한정적인 낙태법이 제정되었을 때 여배우이자 제작자인 비지 필립스 Busy Philipps는 여자들에게 트위터에 #youknowme 해시태그를 걸어 자신들의 낙태 경험에 관한 글을 올려달라고 했다.[12] 그리고 수천 명의 여성들이 자신들의 경험을 공유했다. 하지만 자신의 경험을 알리고 자신의 이야기를 함으로써 다른 사람들로부터 인간으로 인정받을 필요는 없다는 목소리도 커졌다. 그래서 페미니스트 행동가 사라

로크^{Sara Locke}는 이렇게 썼다. "#youknowme이지만 나는 당신에게 내 이야기를 함으로써 신세를 지고 싶지 않다. 나는 다른 사람들로부터 인간으로 인정받기 위해 나의 개인적인 아픔을 (……) 당신에게 밝힘으로써 신세를 지고 싶지 않다. 내 몸에 대한 존중과 자기 결정권을 당신에게 빚지게 하고 싶지 않다."[13]

나도 나의 고통을 겉으로 드러낸 적이 있었다. 2016년, 내가 온라인 혐오에 관한 강연을 하고 '기획된 사랑'을 위해 전력을 다했을 때였다.[14] 이날 나는 더 이상 고통스럽지 않은 것처럼 행동할 수도 없고 그렇게 행동하고 싶지도 않았다. 글을 쓰면서 나는 계속 울었다. 나는 호텔 방에서 원고를 읽는 연습을 했다. 감정이 넘쳤지만 원고에는 감정이 표현되면 안 됐다. 눈물을 멈춰야 했다. 나는 다섯 번이나 원고를 읽었다. 여섯 번째에 이르러서야 눈물이 겨우 멈췄다.

무대에서 나는 싸워야 했다. 그리고 중단했다. 다시 시도했다. 눈물이 차올랐다. 다시 중단했다. 결국 눈물은 흘러내렸다. 그러는 사이 나는 최고 속도로 원고를 읽었다. 부끄러웠다. 강연이 끝난 후 청중석에서 박수갈채가 쏟아졌지만 받아들일 수 없었다. 받아들이고 싶지 않았다.

나는 공개석상에서 절대 눈물을 보이지 않으리라 다짐했다.

2년 후 나는 스위스의 목가적인 풍경이 펼쳐진 소도시에서 강연을 했다. 열정적이고 섬세한 성품을 지닌 그 목사는 강연 후 나에게 잠시 머물러달라고 했다. 이런 아름다운 곳에서, 듣는 귀와 마음이 열린 사람들 앞에서 강연을 할 수 있는 것만으로도 나에게는 큰 감동이었다. 독일의 신학자이자 반파시스트 저항 운동가였던 디트리히 본회퍼Dietrich Bonhoeffer의 말을 낭독하면서 단원이 겨우 몇 명뿐인 악단이 성가대와 함께 연주를 시작했을 때 나는 눈을 감았다. 그리고 성가대가 내 원고 내용에 얼마나 관심을 두고 있는지 들었다. 나는 눈을 뜰 용기를 낼 수 없었다. 나는 자신과의 싸움을 했다. 그리고 또 싸웠다. 내 눈에서 단 한 방울의 눈물도 떠나지 않을 만큼 좋았고 성공적이었다.

나는 해낸 것이다.

나는 많은 대화를 한 후 뒤늦게 '성공'했음을 깨닫고 깜짝 놀랐다. 이것이 이슬람 철학에서 말하는 마음을 깨끗하게 하고 녹이는 것이었다. 상처를 입으면 그만큼 아프다. 때로는 한 방울의 눈물이 천 마디 말보다 나을 때가 있다. 특히 공공연한 침묵의 시대에 말이다.

"우리가 마지막에 떠올리게 되는 것은 우리의 적들이 했던 말이 아니다. 우리 친구들의 침묵이다." 마틴 루터 킹 주니어Martin Luther King jr.는 이렇게 말했다. 이러한 침묵에 눈물이 뒤따라오는 한 나는 소망할 수 있기를 소망한다.

'정치적으로 올바르지 못한' 언어를
아주 대범하게 사용하는 사람들이 있다.
이들은 보수주의자도 아니고 전통을 아는 것도 아니다.
근본적으로 이들은 정치적 올바름이 아니라
정의에 저항하는 것이다.

우리가 우파라고 부르는 사람들의 결정권이 점점 막강해지고 있다. 이들은 우리가 다루어야 할 내용을 결정한다. 이들은 우리가 서로 다루어야 할 형태를 결정한다. 이들은 끊임없는 반복이라는 횡포를 부린다. 자신들이 우리를 돌보아주고 있다고 우리가 믿을 때까지. 우리가 자기 자신을 잊을 때까지.

　　이것은 슬그머니 지나간다. 변화된 디지털 세계에서는 과거의 정치적 토론에서 통용되었던 원칙들이 더 이상 통하지 않는다. 이런 세계에서 우리는 다의성과 상반성을 잃는다. 우리는 일, 친구들의 모임, 여가 시간, 가족 등 우리의 개성에 숨겨진 또 다른 특성들을 제각각 발휘하는 맥락들을 단 하나의 공간으로 통합하고, 우리의 개성에 숨겨진 다양한 측면을 단 하나의 정체성으로 통합한다. 우리가 공개적으로 쓰고, 공유하고, 행동하는 모든 것이 가족, 근무 환경, 친구, 지인, 낯선 사람들에 의해 읽힐 수 있다. 망각이 존재하지 않는다면, 마치 우리의 과거가 현재인 듯 모든 것이 영원히 추적될 수 있다면, 디지털 대중이 존재하는 이 세상에서 우리 안의 유치함과 성숙함, 연약함과 자신만만함, 전문적인 것과 빈약한 것, 합리적인 것과 비합리적인 것이 동시에 존재할 수 있을까? 우리가 인터넷이라는 거울이 우리에게 보여주는 정체성에 사로잡혀 있다면 어떻게 자아를 형성해나갈 수 있을까?

이러한 부자유가 지배하는 새로운 세상에서 양극화된 토론 문화가 성장하고 있다. 이 문화에서는 진영 중심적 사고에 벗어나는 입장들이 비집고 들어갈 공간이 없다. 인터넷은 우리 사회의 추악한 면을 노골적으로 들춰냈다. 인터넷은 예전에는 당사자들의 눈에만 보였던 증오를 눈에 보이게 만들었다. **빌어먹을 외국인들! 더러운 년!** 이런 말들이 불쑥 스쳐 지나간다. 누군가 이런 말들을 당신의 귀에 대고 속삭이면, 당신 외에는 아무도 이런 욕설을 들었다는 것을 입증할 길이 없다. 증오심으로 불타오르는 자들이 증오의 대상에게 증오를 표현하며 스쳐가는 순간 인터넷에서 반향실을 발견하고, 되풀이되고,

극단화된다. 그리고 **지속적인** 여론으로 나타난다. 증오는
뉴노멀이 된 것이다.

증오심에 불타오르는 자들은 자신들이 정의를 증
오해야 한다고 믿는다. 그리고 우리는 이들의 선동에 반
응하고, 점점 더 극단으로 치닫는 사람들과 대립하고, 이
들을 우리가 맞서야 할 상대로 임명한다. 이들의 반응, 이
들의 행동은 언제나 기준점이다. "이들은 각기 다른 측면
의 분노를 본질적인 화라고 간주하기 때문이다." 언론학
자 베른하르트 푀르크센Bernhard Pörksen은 '보편적인 분노 상
태'를 이렇게 서술했다. 그 결과는 '무성해지는 스캔들을
스캔들화하고 또 스캔들화하도록 끊임없이 밀어내는 것'
이다.[1] 우리는 분노하고 탈진하여 우리의 진실을 입증할
수 있는 사람들에게 도움을 구한다. 사회는 점점 분열되
고, 분열된 조각들은 표류한다.

아직도 우리는 더 많은 공감, 더 예리한 법, 문화의
변화, 도덕적 용기, 경찰 교육 등 더 많은 것을 요구하면
서 어둠 속을 헤매고 있다는 사실을 인정해야 한다. 이러
한 발전을 특징으로 하는 디지털 구조는 불투명하기 때
문이다. 많은 것이 추측되고 예측되지만, 가장 유명한 소
셜 플랫폼의 알고리즘은 일반 대중이 이해할 수 없다. 당
신이 별난 저녁 식사를 하고 있다고 상상해보자. 이 식사

에서는 당신도 다른 손님들도 어떤 룰에 따라 대화를 하는지 모르고, 모든 사람들은 대화에 참여해야 한다. 옆에 있는 여자가 정말로 현명한 의견을 말하지만 목소리가 너무 작고, 그 테이블에 있는 다른 사람들에게조차 잘 들리지 않는다. 당신은 한 시간 내내 그 테이블에 앉은 사람들이 옆에 앉아 있는 남자의 가족 비디오를 재미있다고 돌려보는 이유를 이해할 수 없다. 당신은 유독 한 단어만 갑자기 다른 모든 사람들에게 크게 들리는 이유를 알지 못한다. 당신은 테이블의 다른 쪽 끝에 앉아 있었고 우연히 알게 된 사람들이 갑자기 당신 옆에 와서 옛날 결혼식과 휴가 때 찍은 사진을 코앞에 대고 이야기하는 이유를 알 수 없다. 테이블의 언어는 무슨 이유에서인지 점점 거칠어진다. 누군가가 분노로 날뛰고, 분위기가 싹 바뀐다. 테이블 반대편에 있던 한 남자가 고래고래 소리를 지르며 한 여성 정치인의 과거 트윗을 찬양하고 있다. 다른 한 남자는 지난주에 올린 블로그를 언급하며 이런 분위기를 부추긴다. 다른 사람들도 갑자기 분노해서 소리를 지른다. 혼란 그 자체다.

대화의 내용이 이런 식인데, 왜 우리가 룰도 모르는 게임에 자발적으로 동참해야 할까? 더 이상 그렇게 행동하지 말아야 할 동기는 넘치도록 많다.

2016년 영국이 브렉시트를 결정했을 때 저널리스트 캐럴 캐드월레디어 Carole Cadwalladr는 자신의 고향 에부베일 Ebbw Vale에서 흔적 찾기에 나섰다.[2] 그녀는 영국 전역에서 이민율이 가장 낮은 노동자들의 도시에서 왜 60퍼센트 이상의 유권자들이 브렉시트에 찬성했는지 그 이유를 찾고자 했다. 한 여자가 튀르키예가 유럽 연합에 가입할 것으로 추정된다고 말했다고 한다. 튀르키예의 EU 가입 협상은 수년째 중단된 상태였고 공개 토론에서 중요한 주제도 아니었다. 대체 이런 불안감은 어디에서 왔을까? 이런 정보의 출처는 어디였을까? 캐드월레디어는 이것저것 뒤져보고 취재했지만 헛수고였다. 그러다가 우연히 다크 광고 dark advertising•를 접했다. 개인 정보가 수집되지 않고 이 광고에 동의하는 사람들, 타깃 그룹 외에는 볼 수 없는 페이스북 광고가 소위 다크 광고다. 따라서 저널리스트들이나 학자들이 페이스북 사용자들이 어떤 콘텐츠를 광고했는지 나중에 추적이 불가능하고, 콘텐츠가 어떻게 조작되는지 알 수 없는 것은 물론이다.

인터넷이라는 매체를 통해 진행되거나 가속화되는 사회 변화는 더 이상 기존의 방식으로는 인과 관계를 파악할 수 없다. 우리는 무력하고 어찌할 바를 모른 채 1차원적 관점에 환상적인 자양분이, 의견 중독자들과 모든 유색 인종에 대한 극단주의자들이 인터넷이라는 낙원을 발판 삼아 전 세계에서 어떻게 발전해나가는지 볼 수 있었다.

우리는 이러한 발전에 내재된 위험을 정말 알고 있는 것일까? 우리가 점점 극단화되는 정적政敵을 처리한다면 무슨 일이 벌어질까? 우리의 세계상이 입증하는 것만 수용해야 할까? 우리 시대의 게이트키퍼gatekeeper*, 구글과 페이스북이 알고리즘을 통해 우리가 보기를 원한다고 추측하는 것들을 끊임없이 보여주려고 한다면 어떻게 될까?[3]

그런 이유로 소위 같은 언어를 사용하는 사람들이 의미 체계에 호환성이 없어서 서로 마주보며 자신의 의견을 표현할 수 없는 상황이 되었다고 하자. 그렇다면 우리는 이런 분열된 표준에 합의하고 상호 간의 사회적 결합을 어떻게 이끌어낼 수 있을까? 우리는 우파들이 자신들의 목적을 위해 분노를 도구화하는 것을 어떻게 막을 수 있을까?

분노 자극은 원래 중요하고 유용한 사회적 도구다. 한 남자가 식당에 들어가 서비스가 엉망이라며 욕설을 퍼붓기 시작했다고 상상해보자. 이 식당의 다른 손님들이 그를 경멸하는 눈빛으로 쳐다보면서 격하게 고개를

* 수문장. 커뮤니케이션의 관문을 지키는 사람이란 뜻으로 뉴스나 정보의 유출을 통제하는 사람을 가리킨다.

내젓고 이 상황에 개입한다. 욕설을 내뱉던 남자에게 일시적으로 시선이 집중된다. 이것은 충고의 효과가 있다. 손님들은 그에게 식당에서 그런 행동을 하는 건 바람직하지 못하다는 암시를 준다. 아마 그는 화를 내며 식당에서 나가거나, 그런 행동을 한 것에 대해 질책을 당하고 행동이 바뀌어 사과를 건넬 것이다.

하지만 소셜 플랫폼에서 이 남자가 욕을 하면 그는 제재를 받지 않을 것이고, 오히려 그의 분노는 더 큰 영향력을 발휘할 것이다. 그의 행동에 대한 사람들의 반응이 클수록 그에게 더 많은 시선이 집중되고, 더 많은 사람들이 그의 말에 귀 기울이고, 그의 말은 외형적으로 중요성을 띠게 된다. 모든 선동, 모든 스캔들과 함께 그의 관객 수도 늘어난다. 언젠가 우리는 그가 원래 그렇게 유명하고 영향력 있는 사람이었는지 묻게 될 것이다.

이는 가치도 없는 뉴스 보도가 넘쳐날 뿐만 아니라 정치 권력을 가진 폭군들이 있기에 나타나는 현상이다. 공격적이고 계산된 선동에는 파렴치한 자들을 최고위급 정치 관료로 끌어올릴 수 있는 잠재력이 감춰져 있다. 심사숙고, 신중, 망설임은 무시당하고 처벌을 받는 반면, 극단적인 입장은 우리의 시선을 점점 더 쏠리게 만든다. 그래서 우리는 이런 상황과 IS에 가입하는 청소년들을 연관 지어 생각해보아야 한다. 이 아이들은 '성전聖戰'이 존재한다고 믿고 더 극단화된 사고를 지니고 있다. 어떤 이들은 '점진적인 이슬람화'가 진행되고 있고 내전이 임박했다고 믿는다. 이들은 자신들이 난민 쉼터에 불을 지르는 소명을 받았다고 생각한다. 자신을 인셀incels, 이른바 비자발적 독신involuntary celibates이라고 칭하는 이성애자 남성들은 자신들이 섹스를 하지 못하는 이유를 여성들의 책임으로 돌린다. 이들은 여성들이 섹스를 요구할 권리를 갖고 있다고 믿고 있기 때문에 이것을 무기로 삼는다는 것이다. 자신들이 빛으로 영양분을 공급받으며 살 수 있다고 정말로 믿다가 죽는 사람들도 있다.

우리는 우리 사회에 만연한 증오를 말할 때, 음모론자들이나 극단주의자들에 대해 말할 때, 흔히 이 사회의 중심에서 여전히 모든 것이 좋다고 믿는 자들이 우리에게 보여주는 거만하고 품위 있는 태도로 행동한다. 물론 '우리의' 인식도 점점 극단적으로 변하고 있다.

최근 몇 년 동안 나는 이슬람, 인종주의, 여성의 인권, 페미니즘, 이민, 난민, **이런 것들이 양극화를 부추기는 주제**라는 말을 얼마나 자주 들었는지 모른다. 그렇지 않다. 이런 주제들 자체는 절대 양극화를 부추기지 않는다. 편파적인 블로그나 인터넷 토론방이 선동으로 가득

할 때, 커뮤니티 의견란에 글이 쇄도하고 공개 논의로 이어진 후에야 그렇게 될 수 있다. 폭주하는 증오 발언은 그 사회에서 결코 의견의 다양성을 형성할 수 없다. 이는 우파 포퓰리즘 단체에서 의도적이고 조직적으로 기획한 것이다. 전략적 대화 연구소^{ISD: Institute for Strategic Dialogue}에서 독일 언론에 보도된 3000여 건의 기사와 페이스북에 오른 1만 8000여 건의 발언을 분석한 결과, 전체 계정 중 고작 5퍼센트가 증오 발언의 50퍼센트를 만들어냈다.[4] 이런 계정이 의도적으로 편집자에게 글을 써서 보내고, 선별된 기사들에 대해 의견을 달았다. 이슬람, 이민자, 여성, 혹은 난민들은 이 사회에서 감당할 수 없는 데다 너무 동떨어진 존재라고 말이다. 이들의 존재가 우리 사회의 중심부를 선동하고 있다는 인상을 일깨우기 위해서다. '정상적'이고 대변 가능한 우리의 인식은 이렇게 움직인다. 거리를 두고 이러한 격렬한 논쟁을 관찰하는 사람은 이런 것들에 의해 인식이 달라지기 때문이다.

당신이 청중석에 앉아 강연을 듣고 있다고 생각해 보자. 이 강연자의 의견에 당신은 원래부터 동의했다. 당신 옆에는 자리가 몇 개 있고, 그 공간의 오른쪽 구석 위쪽에서, 당신의 앞쪽으로 두 줄부터, 당신 바로 뒤에 사람들이 앉아 있다. 이 사람들은 계속 아무것도 이해하지 못한 듯 고개를 내젓고, 강연자에게 분노했는지 사람들 사이에서 소리를 지르고 있다. 우리는 청중의 다수가 강연자의 의견에 동의하지 않는다는 인상을 인위적으로 만들어내기 위해 미리 짜고 그런 행동을 했다는 사실을 알지 못한다. 하루가 다 가도록 당신의 머릿속에서는 그 장면들이 떠나지 않는다. 강연자가 한 말이 투쟁적이었을까? 더 정의로운 사회를 만들기 위한 노력은 그렇게 **투쟁적인 것**으로 변한다. 사욕과 무관한 도움은 그렇게 **투쟁적인 것**이 된다. 그렇게 언젠가부터 우리는 지중해의 익사자들을 구조하는 자들을 변호할 수밖에 없는 사회에서 살게 되었다. 이들은 도움이 필요한 곳에 도움을 주었는데도 말이다.

이것이 인터넷 토론방의 발언자들이 의도하는 바다. 이들은 저자에게 맞서려는 것이 아니라, 글을 읽는 사람들의 생각에 영향을 끼치려 하는 것이다. 이들의 목표는 우리, 청중이다. 이들은 새로운 것들을 끊임없이 반복하며 인종주의, 외국인 혐오, 반유대주의, 이슬람 혐오, 민주주의 혐오의 입장을 품위 있게 만들어낸다. 이들은 대담하게 금기어를 내뱉고 '**사상 탄압**Denkverbot'과 함께 '정치적으로 올바른' 우리 사회에 저항하는 자들을 영웅시하며 미화한다.

우리가 이들의 선동에 반응을 많이 보일수록 이를 정당화하는 것이다. 이들의 입장에 사회적으로 중요하다는 의미를 부여하는 것이다. 우리가 이들에게 응답하면 인종주의, 성차별주의, 반유대주의, 동성애 혐오를 전 세계에, 하나의 '의견'으로, 합법적인 관점으로 끌어올리는 일이 된다. 우리는 날이면 날마다 우리가 다루는 내용을 거짓말로 둘러댈 수 있다. 이런 것들이 우리의 날들을 채운다. 우파들과 인종주의자들이 우리 사회의 어젠다를 결정하고 우리에게 과제를 준다. 우리는 이 과제를 용감하게 처리할 것이다.

> "말은 한 방울의 비소砒素처럼 독이 될 수 있고,
> 어느 정도의 시간이 지난 후 그 효과가 나타난다.
> —빅토르 클렘퍼러 Victor Klemperer•

우리가 이슬람 극단주의자들의 언어를 차용한다고 생각해보자. 비무슬림은 비신앙인이라는 뜻의 **쿠파르** *kuffar*라고 불린다. 그리고 911테러범들은 '영웅'이라 불릴 것이다. 한편 독일이나 미국의 병력은 십자군이라는 뜻의 **살**

리비연^{salibiyoun}이라 불릴 것이다. 독일의 메르켈 수상은 비합법적인 통치자라는 의미의 **타그아웃**^{tagout}이라고 할 것이다. 그리고 극단주의자들은 자신들을 신의 길을 가기 위해 노력하는 사람들이라는 뜻의 **무자헤딘**^{mujahidun}이라고 칭할 것이다. 당신은 이런 것을 상상할 수 있는가? 아니면 우리가 언어에서 어떤 관점을 수용하든 말든 아무 상관이 없는가?

'선한 사람^{Gutmensch}'•이라는 개념이 모욕적으로 변질된 순간, 우리는 사회참여적인 사람들과 관대한 사람들을 우파의 안경을 끼고 본다. 우리는 이들을 새장에 앉혀놓고 더 광범위하고 이질적인 스펙트럼의 사람들을 동질화한다. 우리는 이들을 아주 작은 특성으로 가둔다. 개념을 사용하는 방식이 이렇게 변할 때, 전에 이름이 붙여진 적이 없던 사람들은 갇혀 있다는 것이 어떤 의미인지 처음으로 체험한다. 이런 경험은 **나이 많은 백인 남자**라는 개념이 이름 붙여진 자들에게서 분노를 일으키는 이유이기도 하다. 이들의 반응은 한 인간이 다른 인간에 의해 하나의 범주로 간주될 때, 우리가 얼마나 굴욕적이고 금치산 선고를 받은 것처럼 무기력한지 깨닫게 하고 현실을 돌아보게 한다.

우파 포퓰리스트들이 봉사자들과 난민 도우미들,

---

*　직역하면 선한 사람이라는 뜻이지만 지나치게 '정치적 올바름'을 추구하는 사람을 비꼬는 표현

환경 활동가들을 '좌파 녹색당에 물든 선한 사람들'이라고 표현할 수도 있다. 하지만 이것 자체는 문제가 아니다. 우파의 언어에서 나온 이 개념이 일반적인 정치 논쟁에 수용되었을 때, '선한 사람들'이라고 비하하는 표현을 하는 사람들이 동요할 때 문제가 생긴다. 누가 **순진하거나 태만한** 사람이 되고 싶고, **'여린 마음'** 때문에 자신을 속이고 싶겠는가? 누가 **합리적이고, 현실적이고, 일관성 있고**, '강단이 있길' 원하지 않겠는가? 이들 중 적지 않은 사람들이 이렇게 물을 것이다. 내가 지나친 좌파인가? 지나친 녹색당 지지자인가? 지나치게 관대한가? 지나치게 도움을 주려고 하는가? 지나치게 친절한가? 지나치게 잘 믿는가? 지나치게 순진한가? 당신에게 부여된 특성들을 과장된 무정함과 냉정함으로 메우려는 순간이 적지 않을 것이다. 이 순간 다원성, 사회 참여, 관용의 자명함은 사라지고, 사람들 의견에 순응하고 싶은 충동, 자신만의 과제를 이행함으로써 얻을 수 있는 호의, 타인의 마음에 들고 싶은 소망으로 대체된다. 누군가 가치와 윤리에 관한 이야기를 하려고 하면 이들은 좌절한 채 눈알만 굴린다. 아니다. 선한 사람들만 이런 일을 하는 것이다.

#ankerzentren(난민 접수 센터) #flüchtlingswelle(난

민 쇄도) #lügenpresse(거짓 언론) #sozialschmarotzer (사회의 기생 동물)•

#parasiten(기생충) #rechtsbrecherin(여성 범법자) #zensurgesetze(검열법) #altparteienkartell(구 정당 카르텔) #fassadendemokratie(겉치레 민주주의) #volksverräter(민족 반역자) #asyltourismus(망명 관광주의) #tugendterror(미덕 테러) #sprachpolizei(언어 경찰) #gutmenschentum(선한 사람들의 집단) #kopftuchmädchen(히잡을 쓴 소녀) #snowflake(스노우플레이크) #klimalüge(기후에 관한 거짓말들) #umvolkung(민족 개조) #rapefugees(강간 난민 캠프) #messerstecher(칼부림하는 자들) #meinungskartell(의견 카르텔)

이러한 모든 개념들은 우리에게 우파 이데올로기의 관점에서 세상을 보도록 강요한다. 독일의 극작가 베르톨트 브레히트Bertolt Brecht는 1935년에 어떤 사람이 개념을 선택하는 것을 보면 파시즘을 지지하는지 저항하는지 알 수 있다고 했다. "우리 시대에 민족Volk 대신 인구Bevölkerung. 땅Boden 대신 소유지Landbesitz라는 단어를 사용하는 사람은 거짓말을 많이 하는 자를 지지하지 않는다. 그는 이미 말에

• 국가 보조금으로 먹고사는 사람들을 일컬음

서 의심스러운 신비주의를 제거했기 때문이다."[5] 그래서 의식적으로 우파의 개념을 사용하지 않는 것은 일종의 저항이 될 수 있다. 증오, 비인간화, 야비함으로 물든 그들의 이데올로기를 통해 세상을 보는 관점에 대한 저항 말이다.

독일의 작가 겸 행동가 노아 소우Noah Sow는 자신의 저서《독일 흑인 백인Deutschland Schwarz Weiß》에서 "언어의 불확실성이 인종주의 현상을 어떻게 유지시키는지" 보여주었다.

> 예를 들어 당신이 그 말에 흠칫해서 '인종주의'라는 개념을 입에 올리지 않을 때, 이런 행동은 사실 인종주의적 행태를 보이면서 동시에 그렇게 하지 않는다는 표시다. 특히 '외국인에게 적대적인', '배타적인', '극우파'와 같은 어휘들은 인종주의적 동기에서 발생한 범죄 행위에 잘못 사용되고 있다. 인종주의를 무시하거나 몰아내는 것은 인종주의를 극복하는 과정에서 큰 장애물이다.[6]

2018년 12월 31일 보트롭Bottrop과 에센Essen에서 한 남자가 자동차를 타고 사람들에게 돌진해 최소 여덟 명이 부상을 당한 사건이 있었다. 이와 유사한 극우 테러리스트들의 공격이 발생할 때마다 거의 매번 인종주의 대신 '외국인 혐오'를 거론했다는 점에서 그녀의 판단력이 얼마나 앞섰는지 알 수 있다.[7] 우리가 어휘를 선택할 때는 결코 보수적인 관점만 다뤄서는 안 되며, 어떤 이데올로기, 어떠한 비정의를 뒷받침하는지 그 역할이 중요하다. 이런 의미에서 공정한 언어로 특정한 이해관계를 대변하는 것이 아니라, 인권, 정의, 평등, 기회균등을 지향하는 언어로 변하는 것이 중요하다.

'정치적으로 올바르지 못한' 언어를 아주 대범하게 사용하는 사람들이 있다. 이들은 보수주의자도 아니고 전통을 아는 것도 아니다. 근본적으로 이들은 정치적 올바름이 아니라 정의에 저항하는 것이다. 이들은 배척하는 언어를 고집하지만 저항하는 것이 아니라 탄압에 순종하는 것이다. 이들은 자신들이 인간을 혐오한다는 사실을 인정하는 것이다.

"언어 경찰이나 검열은 없다." 작가 겸 행동가 투포카 오제트Tupoka Ogette는 이렇게 썼다. 그녀는 누구나 모든 것을 말해도 되지만, 자신이 한 말에 대한 책임을 져야 한다고 말한다. "당신이 니그로라고 말하는 것은 이 말이 인종주의적 관점을 드러내고 사람들에게 상처를 준다는 인식이 있기 때문에 의도적으로 그 단어를 사용한 것이다. 그러면 당신은 더 이상 무고하지 않다."[8]

더 공정한 언어에 대한 논의에도 불구하고 배타적인 언어 사용을 고집하는 사람은 인간 혐오를 인정하고 의도적으로 정의, 성평등에 반대하는 입장을 취하는 것이다. 인종주의, 성차별주의, 인간 혐오 언어를 사용하는 데 찬성하는 것이다.

간혹 우리가 듣기에 거북한 개념들이 우파들에게서 미끄러져 나와 이들의 관점이 드러날 때가 있다. 이를테면 알렉산더 가울란트 원내대표가 독일 극우 정당인 대안당을 '투쟁 공동체'라고 표현했던 것처럼 말이다.[9]

이런 공공연한 인종주의 정당이 극우 당원들과 연방하원에 입성하고 난 뒤에야 언론의 반응 논리에 대한 비판의 소리가 더 커졌다. 우리가 지난 몇 년간 계산된 선동에 넘어갔다는 사실을 뒤늦게 깨달은 것이다. 2016년 가울란트가 '사람들은' 독일의 국가대표 축구선수 제롬 보아텡[Jérôme Boateng]이 이웃이 되는 걸 원치 않을 것이라고 주장했을 때 언론에서는 보아텡이 '좋은 이웃'인지에 관해 더 세부적인 논의가 이루어졌다. 누가 그를 이웃으로 원하는가에 대한 기고문도 있었다. 가울란트를 놀리는 사람들도 있었고, 보아텡의 전 이웃과 인터뷰하는 사람들이 있는가 하면, 일부러 웃기려고 행인들을 대상으로 가울란트와 보아텡 중 누구를 선택하겠느냐는 설문 조사를 하기도 했다. 우리가 정말로 해결해야 할 문제는 이것이었다. 흑인은 좋은 이웃이 될 수 없는가? 이 얼마나 무지하다는 증거인가?

이런 선동이 왜 통하는 것일까? 우리 자신에게 물어보자. 우리는 왜 반드시 반응해야 한다고 사명감을 느끼는 것일까? 이러한 선동이 우리가 도덕적으로 고상하다고 느낄 수 있는 기회이기 때문에? 이것을 저널리스트의 임무라고 생각하기 때문에? 우리의 분노가 이들에게 가치 있는 일이라는 것을 인식하지 못했기 때문에? 우리가 예의 따위는 없는 사람들에게 예의가 있다고 전제하기 때문에? 우리가 관음증 환자처럼 몰래 이들의 파렴치함을 엿보고, 궁극적으로는 이것이 '자극적'이기 때문에?

결국 우리가 독일 대안당을 현재의 규모로 키워준 셈이다. 우리가 이들의 선동을 토론을 통해 정당화하면서, 이들의 증오를 의견이라고 받아주면서, 이들의 인간혐오, 인종주의, 반유대주의, 성차별주의를 정당한 관점으로 인정하면서 말이다.

흥미롭고도 실망스러운 사실이 있다. 나는 독일의

많은 무슬림 공동체의 이러한 메커니즘을 잘 안다. 특히 2001년 9월 11일 이후, 이들은 외부의 공격에 반응하는 데 많은 에너지를 소비했다. 모든 무슬림들의 이름으로, 무슬림을 사칭하고 행동하는 이슬람 극단주의자들의 공격에, 무슬림들을 범죄자 취급하고, 낙인찍고, 극단주의자들의 행동으로 규정 짓는 언론과 정치계의 여론에. 무슬림 공동체는 이슬람의 유일한 진짜 대변자임을 증명하라는 요구를 받았다.

온 세상 사람들에게 자명한 사실을 설명하기 위해 많은 시간, 에너지, 노력, 관심을 쏟아부었다. 우리는 살인, 유혈 사태, 슬픔, 잔인한 행위, 혐오스러운 행동을 어떤 관점에서든 동의한다는 그릇된 주장으로 모욕을 당했을지라도, 불합리한 질문들에 답을 했고 잔인한 행위들로부터 멀찌감치 떨어져 있었다.

이런 걸 사적으로 받아들이지 마. 이러한 비난이 우리에게 얼마나 큰 상처가 되는지 말해줄 때마다 돌아오는 대답이었다. **너무 감정적으로 생각하지 마.** 그래서 우리는 비합리적인 불안에 떠는 시민들에게 불안을 가중시키지 않기 위해 우리의 감정을 차단했다.

그런데 지금은 어떤가? 거의 20년이 지난 후인 지금은? 돌아보면 이런 끝도 없는 방어 태세에 온 정신이 쏠려 우리가 이슬람계 내부의 토론에 소홀했다는 생각이 든다. 누군가 그런 토론을 도구화할 수도 있다는 불안함에 우리는 성차별, 반유대주의, 극단화, 인종주의 등 공동체 내부에서 발생하는 폐단을 충분히 비판하길 꺼려왔다. 단지 불난 데 기름을 붓는 것이 아닌가 하는 불안함에 우리는 물조차 붓지 않았다.

수십 년이 넘도록 우리는 우리 자신만의 관점을 잃을 위협을 받고 있다. 우리를 움직이게 하는 것을 우리에게서 지워야 할 위협 말이다. 우리는 **서로에 대한** 이야기를 점점 줄여가는 반면, 여론에서는 **우리에 대해** 점점 더 많이 이야기한다. 우리를 위한 대화 공간은 사라지고 있다. 우리는 경쟁에서 자유롭고, 공감하고, 비무슬림 청중으로부터 '좋은' 무슬림이라는 사실을 입증받아야 했다.

나는 스스로 묻는다. 다른 사람들이 우리와 우리의 종교와 관련해 떠오르는 것을 그 정도로 두려워하지 않았다면 어땠을까? 우리는 어떤 일에 몰두했으면 좋았을까? 우리의 종교를 도구화하는 자들에게 다르게 처신해야 했을까? 우리의 공동생활을, 우리의 다양성을, 특히 우리 아이들을 트집 잡고 괴롭히는 자들에게. 우리를 전쟁과 폭력적인 권력에 대한 망상의 탄약으로 삼는 자들에게.

우리가 수사학 대신 교육에 힘써야 했을까? 방어 논쟁 대신 지식에 힘써야 했을까? 이것은 우리를 강제로 동질화하는 끝도 없는 방어 태세이니까?

이제 주류 사회 내부에서도 이런 패턴이 반복되고 있다. 우리 스스로 포퓰리즘 우파와 극우파의 정치 어젠다를 강요하며 정말로 중요한 주제들에 관한 논의를 소홀히 하고 있다. 우리는 주제를 내놓고, 용기 있게, 미래를 예견할 수 있게 반응해야 한다. TV 프로그램 〈모니터 Monitor〉에서 2016년 독일 ARD와 ZDF 방송의 정치 토크쇼 프로그램을 조사한 결과, 다음과 같은 사실이 확인되었다. 총 141개의 프로그램 중 난민, 난민 정책, 이슬람, 폭력, 테러리즘, 포퓰리즘, 우파 포퓰리즘과 같은 주제를 다룬 프로그램이 절반 이상을 차지했다. 반면 석탄 발전소나 원자력 발전소 가동 중단, 교육 정책, 전 세계적으로 대서특필된 폭스바겐 배기가스 조작 스캔들은 한 번도 논의된 적이 없었다.[10]

점점 더 많은 젊은이들이 대규모로 거리로 나간다면, 이들은 우파의 요주 인물과 이러한 횡포에 굴복한 위정자들에게도 저항할 것이다. 기후, 환경, 교육, 보건, 사회 및 세대 평등, 소수자 보호, 이런 모든 주제들이 우파들의 주제 설정을 위해 등한시되고 있다.

이유 없이 우파들이 기후 위기를 부인하는 것이 아니다. 이유 없이 이들이 극빈국들과 극빈자들의 전 세계적 연대를 위한 길을 모색하지 못하게 하는 것이 아니다. 우리가 기후 위기를 심각하게 받아들인다면 국가적 이해관계가 이러한 위기의식에 자리를 내어줄 수밖에 없다. 우리가 다양한 지역들, 연방주들, 국가들을 대변하고 있지만, 공동의 지구에는 공동의 인류만이 존재하기 때문이다.

우리는 무엇을 할 수 있을까? 우리의 의도와 상관없이 우리의 반응에 힘입어 세력을 키운 우파들에게 맞설 수 있을까? 이를테면 우리가 이들이 내뱉은 말이 가져온 결과를 증거물로 내세우며 이들에게 맞서, 이들의 전략을 폭로하고, '민족'을 지지한다는 이들의 주장에 속지 않고, 이들의 개념을 수용하지 않고, 이들의 논리를 따르지 않고? 우리의 정치적 언어는 극우 '투쟁 공동체'의 전쟁터가 아니라는 사실을 우리가 확실하게 밝히면서? 우리는 실제로 쓰고 있는 안경을 통해 세상을 보고 이를 위해 싸워왔다. 우리 스스로 가깝다고 느끼는 사람은 친구로, 낯선 사람은 적으로 간주했다. 언젠가 빅토르 클렘퍼러가 이런 말을 했다. '승자의 언어'를 사용하지 않으면 벌을 받고, 이 말을 흡수하는 사람은 이 말을 모범으로 살아

간다.[11]

　　　우리는 반응을 멈춰야 한다. 대신 우리를 공동체로 발전시킬 수 있는 주제와 질문을 해야 한다. 수동적인 태도는 민첩하게 행동하는 자들에게 정치 그라운드를 넘겨줄 뿐이다. 그러다간 우리는 영원히 강요당하는 자로 전락하고 만다. 탐사 저널리스트 론 주스킨트Ron Suskind는 2004년 기사에서 미국의 조지 W. 부시 전 대통령의 정치 자문의 글을 아래와 같이 인용했다.

> 지금 우리는 제국이 되었다. 우리가 행동할 때 우리만의 현실을 창조한다. 너희가 이러한 현실을 분석하는 동안 (……) 우리는 너희가 분석할 수 있는 새로운 현실을 다시 창조한다. 우리는 역사의 행위자이고 (……), 너희는 모두 우리가 하는 행동을 분석하는 것에 만족해야 할 것이다.[12]

그들이 문화 혹은 담론의 헤게모니를 장악하기 위해 세계적 초강대국이 되어서는 안 된다. 그들은 여론에서 무엇을 다루어야 하는지 지시하려 한다. 극우파들은 용기 있고, 소외되고, 배제되고, 가난하고, 동정을 받아야 마땅한, '소시민'과 '진정한 민족'의 대변자로 자신들을 **사회적**

약자^{underdogs}로 각색하며 새로운 현실을 창조한다. 우리는 이들의 뒤를 바짝 뒤쫓고 있다. 그리고 반응하고, 반응하고, 또 반응한다. 우리 자신의 모습을 잊도록.

8장 범주는 언제 새장이 되는가?

우리는 범주를 필요로 한다.
그런데 우리가 세상을 파악하기 위해 만든 범주는
언제 새장이 되는가?
언제 우리의 자유는 다른 사람의 부자유가 되는가?
범주들을 통해 새장을 만들 수 있다는
절대적 믿음을 가지고 있을 때다.

인간은 하나의 주체 안에 존재하지 않는다.
인간은 특정한 인간 안에 존재하지 않기 때문이다.
—아리스토텔레스

나는 반복될 위험에 직면했을 때 가장 중요한 것은
모든 집단들이 맹목적인 우위를 차지하지 못하도록,
그들에게 더 강력하게 저항하기 위해,
집단화의 문제를 드러내는 것이라고 생각한다.
—테오도어 W. 아도르노[Theodor W. Adorno]

다양성, 다의성, 불확실성을 허용하는 것은
실수나 죄악이 아니다.
양심적인 성찰은
우리는 인간이고 신이 아니기 때문에
이것은 우리가 불가피하게 치러야 할 대가라는 사실을
입증한다.
—스티븐 툴민[Stephen Toulmin]•

세상은 범주를 필요로 하지 않는다. 그런데 우리 인간은
범주를 필요로 하는 존재다. 우리는 이러한 복잡하고 모
순적인 세상을 항해하기 위해, 어떻게든 이해하기 위해,
합의를 도출하기 위해 범주를 만든다.

•　　영국의 철학자 겸 작가

우리는 범주를 필요로 한다. 우리가 아는 사람들과 낯선 사람들, 크고 작은 동물들, 냄새와 소리, 우리 귀에 쏟아지는 모든 정보들, 이 세상의 모든 것을 여과 없이 범주화하지 않고 받아들이면 자극의 홍수에 익사하고 만다.

우리는 범주를 필요로 한다. 우리의 주변을 분류하고 범주화하는 것은 이를테면 위험한 상황에서 패턴을 인식하고 빠르게 결정하고 반응하는 데 도움이 된다. 이런 순간에 우리는 오래전에 머릿속에 저장해두었던 이미지와 정보를 불러온다. 그러니까 범주에 따라 세상을 관찰하는 것은 필요한 일이다.

그런데 우리가 세상을 파악하기 위해 만든 범주는 언제 새장이 되는가? 언제 우리의 자유는 다른 사람의 부자유가 되는가?

범주들을 통해 새장을 만들 수 있다는 절대적 믿음을 가지고 있을 때다. 이러한 세상에 대해 자신만의 경계가 지어진 제한적인 관점이 완벽하고, 완전하고, 보편적이라는 잘못된 가치관. 자신만의 복잡성으로 다른 사람을 확실하게 이해할 수 있다고 믿는 교만. 인간이 만든 모든 범주로 확실하게 세상을 이해할 수 있다고 믿는 것에서 문제가 생긴다. 7천만 명이 넘는 사람들이 난민이다. 19억 명이 무슬림이다. 전 세계 인구의 절반이 여자다. 흑인 남자. 장애가 있는 여자. 아프리카 남자. 동성애자. 이주 노동자. 여성도 남성도 아닌^{non binary} 사람.

그 누구도, 개인도, 공동체도 모든 지식을 하나로 통합할 것을 요구할 수 없다. 이러한 요구는 때로는 더 폭력적이고 더 명백하고, 때로는 더 가볍고 미묘한 형태로 존재한다. 인간, 이데올로기, 문화를 통해 대변되는 이러한 요구는 권력과 탄압에 대한 요구로 이어진다. 미셸 푸코가 "권력이 있는 곳에 저항도 있다"고 썼듯이 말이다.[1]

그렇다면 이런 절대적인 믿음은 어디에서 오는가? 일반적으로 사람들은 자신의 결정이 다른 사람들이나 다른 집단을 경멸하거나 이들의 인간다움을 박탈하는지 제대로 의식하지 못한다. 정확하게 말해 이러한 메커니즘으로 고통받는 자인지 혜택을 누리는 자인지 상관없이, 우리는 그렇게 하도록 교육을 받는다. 우리는 주변을 둘러싸고 있는 벽들이 움직일 수 없다고 교육을 받는다. 그래서 우리는 우리의 관점이 제한적이라는 사실을 전혀 깨닫지 못하고 실제로 광범위하다고 착각한다.

우리의 사고와 인식은 아주 섬세하게 형성되어 있어서 우리는 대부분 이 사실을 전혀 깨닫지 못한다. 미국의 인지심리학자 존 바그는 형태가 우리의 행동에 무의식적으로 끼치는 영향을 연구했다. 이와 관련해 그는 스스로 결정하고 자율적으로 행동한다는 우리의 생각이 어느 정도는 착각이라는 인상적인 예를 보여주었다. 실제로 우리가 느끼는 온도 감각 자체가 사람들이 서로 알아가는 과정에서 호감을 갖는 데 영향을 준다는 것이다. 바그는 한 실험에 대해 서술했는데, 이 실험에서 피실험자들은 한 팀원과 인사를 하고 실험실로 안내를 받았다. 그리고 그 팀원은 하나의 규칙성을 찾기 위해 피실험자들에게 (따뜻한) 커피 또는 (차가운) 아이스커피를 10초 동안 들고 있게 했다. 실험자들이 피실험자들에게 사람들에 대해 묘사하고 자신이 묘사한 이에게 얼마나 호감이 가는지 평가해달라고 했다. 실험 결과에 따르면 같은 사람인데도 손에 따뜻한 커피를 들고 있던 사람들은 아이스커피를 들고 있던 사람들보다 더 호감이 간다고 평가했다.[2]

이에 대한 또 다른 예는 공공장소에서 건축과 도시 계획을 통해 사람들의 행동이 결정되는 방식이다. 도시 지역 설계에서 도로는 거의 자동적으로 어릴 때부터 익혀왔던 교통법규를 지키게끔 되어 있다. 보행자는 보행자 도로로, 자전거 운행자는 자전거 도로로, 자동차 운전자는 차도로 다닌다. 우리가 A에서 B로 어떻게 이동해야 하는지 아주 엄격하게 규정되어 있어서, 시간이 지나면 학습 효과로 본능적인 감각을 무시하는 데 길들여진다.

당신이 어린아이와 함께 길에 있을 때 어느 정도 인지 느낄 수 있을 것이다. 길에서 아이들은 무의식적으로 '길로' 뛰어간다. 아이들은 아직 차도, 보행자 도로, 자전거 도로를 구분하지 못하기 때문이다. (신호등의 불빛이 바뀌면) 아직 건너면 안 되고, 좌우에서 위험한 차들이 다가오고 있지는 않은지 계속 조심해야 한다. 조금 전까지만 해도 건너면 안 되었던 길을 불이 바뀌면 건너도 된다. 이 사실을 모르는 상태에서 길을 건너야 하는 아이에게는 모든 것이 부조리해 보일 것이다. 내 아들이 두 돌이 안 되었을 때의 일이다. 아들은 큰길을 건널 때마다 가까이 다가오는 차에 손을 뻗고 일종의 '멈춰'라는 제스처를 시뮬레이션했다. 색깔로 된 불빛, 즉 신호등은 근본적으로 안전에 대한 부조리한 관념을 제공한다. 내 아들은 신호등이 무엇인지 먼저 배웠어야 한다. 파란불이 켜졌을 때만 건너야 된다고 학습함으로써 위험에 대한 감각을 무시하는 법을 배웠어야 하는 것이다.

물론 교통법규는 합리적이다. 하지만 여기에서는 이 문제를 다루려는 것이 아니다. 우리의 주변 환경이 우리의 의식 형성에 어떤 의도적인 영향을 끼치도록 조성되어 있는지, 어떻게 이런 것을 예리하게 파악할 수 있는지 다루려는 것이다. 다른 도시 설계의 예를 살펴보

자. 소위 (영어로는 주로 **적대적**hostile 혹은 **공격적인**aggressive **구조**architecture라고 하는) 방어적 구조에는 빈곤과 사회적 불평등이 반영되어 있지만, 이런 문제는 무시된 채 이 구조는 특히 관광지에 계속 적용되고 있다. 당신은 혹시 공원 벤치를 칸칸이 나눠놓은 팔걸이를 눈여겨본 적이 있는가? 많은 사람들이 팔걸이가 시민을 위한 배려라며 환영하지만, 사실 이 팔걸이는 지친 팔을 편하게 기댈 수 있게 하기 위해서가 아니라 노숙자들이 벤치에서 잠을 못 자게 하기 위해 고안되었다. 이렇게 사회적 현실은 비당사자의 인식 영역을 떠나 있고, 이것은 우리 사회 시스템의 부실함과 허점을 여실히 드러낸다. 잘 곳이 있는 사람들의 눈에 거슬리지 않게 설계라는 수단을 이용해, 잘 곳이 없는 사람들을 공공장소에서 쫓아낸 것이다.

　　이것은 나도 전혀 몰랐다가 나중에 듣고 알게 된 사실이다. 게다가 나는 우리의 건물 구조가 휠체어 사용자들이 사용하기에 얼마나 불편한지도 오랫동안 모르고 있었다. 몇 년 전 내 생일날 친구들을 집에 초대했는데, 그중에는 휠체어로 이동해야 하는 친구들이 몇 명 있었다. 그제야 나는 이 친구들이 휠체어를 타고 입구를 통과할 수 있을지 걱정이 되었다. 나는 신경이 바짝 곤두섰다. 이런 문제를 미리 챙기지 않은 내가 얼마나 배려가 없는 사람인지 마음이 쓰였다. 마음을 진정시킨 후 나는 출입문의 길이를 쟀고 여기저기 물어본 후에 안심할 수 있었다. 그래, 친구들이 우리 집에 들어올 수 있고 거실 문을 충분히 통과할 수 있어! 그런데 우리 집 화장실은 친구들이 사용할 수 없었다. 결국 나는 집 근처 호텔에 사정을 설명하고 필요할 때 장애인 전용 화장실을 사용할 수 있게 준비했다.

이 일을 통해 나는 참 많은 것을 배웠다. 나는 특권을 가졌다는 것이 어떤 의미인지 다시 한번 실감했다. 그리고 나는 좋은 의도와 개인의 노력만으로는 우리 사회 구조의 한계를 극복할 수 없다는 것도 배웠다. 이제 우리는 이런 질문을 던져보아야 한다. 우리는 누구를 위해 세상을 만들고 있는가? 우리의 도시, 인프라, 건물 시설, 기술, 정치, 경제, 안보, 의료 서비스는 누구를 위한 것인가?

당신은 여덟 명의 여성 중 한 명만 심근경색이 발생했을 때 흉통을 느낀다는 사실을 알고 있는가? 심근경색의 전조 증상으로 흔히 보고되는 가슴을 찌르는 통증은 남성에게서 훨씬 자주 나타나는 반면, 여성들은 주로 메스꺼움이나 턱, 어깨, 등 통증에 시달린다.[3] 남성들은 심근경색이 확인되고 의료 처치를 받는 데 평균 20분이 걸리는 반면, 여성들은 40분~45분이 걸린다. 여성은 심근경색으로 사망할 위험이 남성보다 2배나 더 높은 셈이다. 이러한 차이가 발생하는 이유는 여성보다 남성의 심근경색이 더 많이 연구되어 있기 때문이다.[4] 저널리스트 캐럴라인 크리아도 페레스Caroline Criado Perez는 이를 비롯한 많은 다른 영역의 데이터 부족 현상을 '젠더 데이터 격차Gender Data Gap'라고 표현했다. 또한 그녀는 이러한 정보 격차가 우연이 아니라는 사실을 확인했다. 우리 생활 영역의 설계는 이러한 데이터 분석을 바탕으로 하는데, 대부분의 데이터가 남성들에 의해 수집된 것이다.[5]

내가 단상 토론에서 남녀의 심근경색 위험률의 차이를 사례로 제시했을 때 내 뒤에 있던 두 명의 의사가 말을 걸었다. 이것은 전혀 사실이 아니라며 남녀의 심근경색 증상은 똑같다고 주장했다. 두 사람은 개인적으로 자신의 전문성에 대해 공격을 당했다고 느꼈던 것이다.

하지만 이것은 그와 우리 모두의 한계를 보여주기 위한 공격이 아니다. 이런 의식을 갖는 것은 모든 사람에게 바람직하다. 특히 평균 이상의 교육 수준과 많은 전문 지식을 갖춘 사람들에게 필요하다. 특수한 지식을 쌓는 데 수십 년을 투자한 사람은 자신이 배운 것들을 재고하는 것이 불가능한 시도라는 사실을 알아야 한다. 우리의 존재에 대한 열린 시각은 오히려 선물이다. 우리와 다른 세계 사이에 존재하는 벽을 확인할 수 있는 기회이기 때문이다.

> 국가와 종교의 안정이 제도에 있지
> 않다는 것은
> 지금은 단순하고 명확하게 밝혀진
> 사실이다.
> 이것은 권력과 폭력도 아닌,
> 전혀 다른 것, 즉 굴복한 자들의
> 겸손을 바탕으로 한다.
> 그리고 이러한 자원이 소진되면 끝이
> 온다.
> 그래서 지구가 흔들린다.
> ─베른트 울리히|Bernd Ulrich•

이름 붙이는 자들은 혹시 유리 벽 뒤에 있는 사람들에게 단지 호기심만 갖고 있는 것일까? 이들은 유리 벽 뒤에 있는 사람들이 어디 출신인지 (**정말로** 어디에서 왔는지) 어떻게 사랑을 하고, 믿고, 살고, 느끼는지에 대해서는 관심이 없는 것일까? 그렇다. 자신의 인식이 절대적이라는 믿음이 변하지 않는 한 이러한 호기심은 이름 붙여진 자들을 검열하는 방법의 일부이기 때문이다. 일종의 권력을 행사하는 방식인 셈이다.

이러한 호기심이 권력으로부터 자유롭다면 두 사람은 서로 존중하며 동등한 위치에서 의견을 물을 것이다. 다른 한 사람이 흥미롭게 지켜보는 가운데 한 사람만 발가벗겨지지는 않을 것이다. 그런데 검열당하는 자의 옷이 몸에서 벗겨지면 이름 붙이는 자는, 이런 단어를 써서 죄송하지만 '주둥이'를 놀리게 된다.

베를린에서 함부르크 사이를 운행하는 밤 기차였다. 사회적 환경 운동인 '미래를 위한 금요일Fridays for Future'에 참여하고 있다는 젊은 백인 남자가 내 옆에 와서 앉았다. 그는 내가 하는 일에 감명을 받아 줄곧 관심 있게 지켜봐왔다며, 조만간 개최될 회의에서 발언을 해줄 수 있을지 물었다. 우리는 대화를 나눴다. 얼마 후 늙은 백인 남자가 끼어들더니 젊은 남자에게 당 소속을 물었다. 젊은 남자는 머뭇거리다가 질문을 되받아쳤다. 늙은 남자가 왜 대화를 엉뚱한 방향으로 끌고 가는지, 그가 근무하고 있는 것으로 보이는 좌파 성향 잡지의 제목으로 답을 하는지 물었다. 그리고 이 늙은 남자는 내 쪽으로 몸을 돌리더니 물어보았다. "그러면 당신은요?" 나는 당 소속이 없다고 답했다. "아닐 텐데요. 당신은 어디 출신이신지?"

그가 말했다. "무슨 뜻인가요? 어떤 행사 때문에 왔냐는 질문인가요?" 마침 그 젊은 남자가 방문했던 행사에 관한 이야기를 나누고 있었기 때문에 나는 이렇게 질문했다. 늙은 남자가 아니라며 고개를 내젓더니 의미심장한 미소를 지었다. "제가 어느 도시에서 왔는지 알고 싶은 건가요?" 내가 물었다. 침묵이 흘렀다. 그는 동요 없이 웃었다. "당신은 내 부모님이 어디에서 왔는지 알고 싶은 것이군요?" 내가 다시 물었다. 젊은 남자는 창피한지 자신의 자리에 앉았고, 늙은 남자는 그렇다고 고개를 끄덕였다. 나는 한숨을 푹 쉬었다. "내 부모님은 튀르키예 출신입니다." 나는 말했다. 이 말이 떨어지기 무섭게 그는 다시 물었다. "그러면 당신은요? 전통을 지키고 종교적인 사람인가요?"

나는 완전히 기운이 빠져서 몸을 확 돌렸다. 젊은 남자가 의자에 파묻히듯 앉아 있다가 갑자기 내 쪽을 보면서 주변의 모든 사람들이 들을 수 있게 큰 소리로 물었다. "어떤 행사 때문에 여기에 왔나요?"

젊은 남자의 질문에는 상대를 존중하는 호기심이 담겨 있었다. 반면 내가 이 늙은 남자의 호기심을 검열이라고 표현할 수밖에 없는 이유는 무엇일까? 젊은 남자는 자신을 희생할 각오가 되어 있다는 듯 나에게 이런저런 질문을 했기 때문이다. 그는 나를 범주화하기 위해서가 아니라 한 인간 자체로 나에게 관심을 느끼고 있었기 때문이다. 그는 처음부터 나를 한 사람의 개인으로 대했다. 우리가 특정 주제로 대화를 나눴더라면, 이를테면 우리가 다언어성에 관한 이야기를 했더라면, 당연히 그는 내 부모님과 조부모님에 대해 물어볼 수 있었을 것이다. 반면 이 늙은 남자에게는 '나 같은 여자'가 어떤 사람인지 확인해봐야 한다는 생각만이 중요했다.

호기심이라고 다 같은 호기심이 아니다. 범주라고 다 같은 범주가 아니다. 이러한 차이를 만드는 것은 절대적인 믿음이다. 호기심의 대상으로부터 인간다움을 빼앗아가는 것은 이러한 절대적인 믿음이다.

이슬람학자이자 아랍어학자인 토마스 바우어[Thomas Bauer]는 이러한 믿음을 **보편화에 대한 야망**[Universalisierungsehrgeiz], 이와 상반되는 개념을 **관점 의식**[Perspektivbewusstein]이라고 표현했다. 프리드리히 니체[Friedrich Nietzsche]의 문장을 인용하면 원근법적 시각만 가능하고 객관적인 시각은 가능하지 않다. 그리고 수많은 관점을 투입해야만 더 근접해질 수 있는 것이 '객관성'이다.[6] 따라서 자신의 관점을 타인에게 지시하는 것은 '터무니없는 불손'이라는 것이다.[7]

이러한 사고를 어떻게 실천에 옮길 수 있을까? 어떻게 기존의 지식을 다른 관점으로 풍성하게 할 수 있을까? 그리고 처음부터 다양한 관점이 공존했던 사고 과정, 인식의 과정을 어떻게 상상할 수 있게 만들까? 그 해결 방안으로 바우어는 **문화적 모호성**^{kulturelle Ambiguität}이라는 개념을 제안하고, 다음과 같이 정의했다.

> 문화적 모호성이라는 현상은 한 사회 집단이 상반되거나 두드러진 차이가 있는 담론에서 각각의 생활 영역에 대해 동시적인 표준을 적용하고 의미를 지정하거나, 한 집단 내에서 한 가지 현상에 대한 다양한 해석이 동시에 수용되면서 이러한 해석 외에 어떤 것도 적용될 수 없을 때, 더 오랜 기간을 두고 개념, 행동 양식, 혹은 대상, 상반된 두 개의 혹은 경쟁 관계에 있는 두 개의 의미들, 차이가 뚜렷한 의미들에 하나의 개념, 행동 양식, 혹은 대상을 부여하는 것이다.[8]

이에 대한 예로 바우어는 유럽의 역사 중에서 르네상스 시대의 이교도적 고대 그리스·로마 문화에 대한 숭상을 언급했다. 게다가 이 현상은 종종 기독교 정신에 대한 저

우주는 언제 세상이 되는가?

217

항으로 이해되지도 않았다. 모호성에 관대한 문화에 대해 특히 많은 사례들이 아랍 공동체, 12세기부터 19세기까지 서아시아 근동 지방의 문헌에서 유래한다. 이런 문헌들에서 나타나는 다의성과 언어의 묘사적 특성의 유희는 기교와 학식을 입증하는 수단이었다.

바우어는 레바논의 기독교인 학자이자 시인 나지프 알 야지디Nasif al-Yazidji를 인용했다. 알 야지디의 동시대인이자 라이프치히의 아랍어학자 하인리히 레버레히트 플라이셔Heinrich Leberecht Fleischer는 그의 이러한 문학적 모호성을 비판했다. 바우어는 이러한 평가를 '현대 서구의 모호성에 대한 유죄 판결일 뿐만 아니라 서구의 일반화에 대한 야망'의 '전형적인 예'로 제시했다.9

> 샤이크 나지프Sheikh Nasif(알-야지디)는 그의 시대 (19세기)에 아랍 문학을 대표하는 가장 중요한 인물 가운데 한 사람이다. 그는 그리스-가톨릭 기독교인이었고 서방 세계에 대해 매우 열린 태도를 취했다. 하지만 그는 자신의 저작과 학식에서 확고하게 고전의 전통을 고수했다. 이것은 플라이셔와 같은 서양의 저자들에게 매우 유감스러운 일이었다. 그들은 알 야지디를 원칙적이라고 평가하고

전통을 고수하는 그의 태도를 심각한 실수라고 여
겼다. 플라이셔가 알-야지디의 모든 작품에 나타
난 특성을 비생산적인 기교 유희라고 했듯이, 가
장 중요한 문제는 모호성을 즐기는 것이었다.[10]

하지만 바우어가 서술했던 모호성은 단지 단어의 다양한
의미에만 해당하는 것이 아니다. 나는 한 사람의 이름을
붙이는 방식이 특히 흥미진진하다고 생각한다.

    독일어에서는 누구를 '낯선^{fremd}' 사람이라고 표현
하는가? 두덴 사전에서는 이 개념을 '자신의 나라 혹은
민족에 속하지 않는, 다른 혈통을 나타내는'이라고 정의
한다.

    어떤 사람이 '다른 혈통'을 나타내는지 어떻게 **알
겠는가?**

    한 사람의 이름을 붙이는 과정을 달리 상상할 수
있겠는가?

    토마스 바우어는 1400년에 역사학자 이븐 할둔^{Ibn}
^{Khaldun}과 맘루켄술탄 티무르(타메란)$^{Mamlukensultan\ Timur,\ Tamerlan}$
사이에서 일어났던 상황을 서술했다. 술탄을 알현하는
자리에서 티무르는 이븐 할둔에게 자신이 그를 위해 무
엇을 해줄 수 있을지 물었다.

이븐 할둔(이 대답했다): "저는 이 나라에서 두 가지 면에서 다른 '낯선 사람' 가운데 한 사람입니다. 하나는 제가 나고 자란 마그레브이고, 다른 하나는 제가 활동하는 영역의 사람들이 있는 카이로입니다. 지금 저는 당신의 그늘 아래에 있으니, 어떻게 하면 이 낯선 곳에 제가 친근해질 수 있을지 조언을 해주십시오."

"당신이 원하는 것을 나에게 말하시오." 티무르가 말했다. "내가 당신을 위해 그렇게 해줄 것이오."

"낯선 사람이라는 상태가 나를 잊게 해주는 것입니다. 이것이 제가 바라는 일입니다." 이븐 할둔이 이어 말했다. "어쩌면 당신은 저에게 당신이 원하는 것을 말해줄 수도 있습니다. 신이 너를 강하게 하리라."(……)

이븐 할둔은 자신이 다마스커스에 있기 때문에 낯선 사람이라고 생각하는 것이 아니라, 자신의 활동 영역인 튀니스와 카이로에 있지 않기 때문에 낯선 사람이라는 것이다. 그는 다마스커스의 낯선 사람이 아니라, 튀니스와 카이로의 낯선 사람을 말하고 있는 것이다. 그래서 여기에서 이 단어는 이중적인 의미를 지닌다.[11]

흥미로운 사실은 여기에서 낯선 존재는 단순히 국외자로 정의되고 그 의미가 부여되는 것이 아니라, 당사자 자신의 서술을 통해 이루어진다는 사실이다. 이는 바우어가 제시한 다음 예시에서 훨씬 더 명확해진다.

법률학자이자 여행자 이븐 바투타^{Ibn Battuta}는 1325년, 배를 타고 튀니스에 도착했다. 튀니스는 그의 고향 탕헤르^{Tanger}에서 멀지 않은 곳이었다. 두 도시는 비슷한 문화를 갖고 있었고 같은 언어를 사용했다. 그가 도착했을 때 아무도 그에게 인사를 하지 않자 그는 이방인이라는 감정에 압도되었다. 그래서 그는 여행기에 이렇게 썼다.

"지금 모두가 인사하기 위해 서로에게 다가간다. 그러나 여기 있는 그 누구도 나를 모르므로 나에게만 아무도 인사하지 않는다. 그래서 내 영혼에서 아픔이 느껴진다. 아픔에 주체할 수 없는 눈물이 흘러내린다. 나는 엉엉 울었다. 순례자 중 한 사람이 내가 어떤 기분인지 눈치를 챘는지, 나에게 몸을 돌리고 자신의 무리를 뚫고 와서 인사를 건네며 위로해주었다."[12]

이븐 바투타의 서기관은 이 여행기에 다른 학자의 묘사를 덧붙였다. 이 여행자도 바투타가 인사를 나누지 않았는데 환영을 받은 장소에 막 도착했다. 이븐 바투타도 비슷한 상황이었겠지만 이것이 누군가의 눈에 띄었고, 누군가가 그 학자에게 서둘러 다가가 말했다. "내가 봤더니, 당신은 저 사람들과 멀찌감치 떨어져 서 있고 아무도 당신에게 인사를 하지 않더군요. 그래서 당신이 이방인이라는 것을 알아챘습니다. 그래서 저는 무리에서 나와 당신을 위로해주고 싶었습니다." 바우어는 이렇게 결론을 내렸다.

이곳에서도 낯선 자의 낯섦은 친근함을 되살림으로써 극복하거나 최소한 진정될 수 있다. 고전 아랍 문명의 구성원을 인식할 때 낯섦은 출신, 혈통, 인종, 언어와 같은 특징이 아니라, 낯설다고 느끼는 개인의 감정적 결핍인 것이다. 낯섦은 영원한 특징이 아니라 원칙적으로 극복 가능한 상태다. 특히 낯섦은 낯설다고 느끼는 사람의 생각에서 비롯된 감정이다. (……) 그래서 낯선 자는 어디에서도 낯설지 않다. 왜냐하면 그는 외부에서 왔고 자신의 다름 때문에 여기에 소속되지 않는다고 느끼

지 않기 때문이다.[13]

이것이 말하기의 모범이 될 수 있을까? 우리가 함께 말하고, 말하는 대상인 사람들의 관점을 포함시킴으로써, 말하는 동안 이들 스스로 결정하게 만들 수 있을까? 그렇다면 아무도 다른 사람을 절대성의 권력과 정의의 통치권에 지배받지 않게 할 것이다.

물론 한 사람의 인간을 흑인이나 히잡을 쓰는 여자로 표현할 수 있다. 문제는 이와 관련시킬 수 있는 다른 인식의 영역이 있음에도 불구하고 이 표기가 이 사람에 대한 유일한 명칭으로 굳어졌을 때 생긴다.

남자들이 소수 집단인 페미니스트 회의를 상상해보라. 회의 시간 내내 회의 참석자들이 개인적인 특징 없이 '남자들'이라고만 표기되면 서로 혼동이 온다. 이들은 자신의 성을 통해서만 인식된다.

국제 영화 축제를 상상해보라. 세계 각국에서 사람들이 몰려들었는데 축제 기간 내내 개인적인 특징을 고려하지 않고 '독일인'으로만 표기되면 서로 혼동이 온다. 이들은 지속적으로 (소위) 자신의 출신을 통해서만 인식된다.

이러한 경험이 몇몇 일시적인 상황에 국한되는 것

이 아니라 평생 지속된다고 상상해보라.

언어의 박물관은 다르게 생각할 수 있는 장소일까? 모든 사람들이 이름 짓는 자이자 이름 붙여진 자이기 때문에, 근거 없는 표준으로 자신의 존재가 규정되는 이름 붙여지지 않은 자들 없이 다르게 생각할 수 있는 장소일까? 모두가 다른 사람들이 자신의 눈으로 세상을 볼 수 있다고 말할 수 있는 가능성이 존재하는 장소일까? 모두가 자유롭게 말할 수 있는 장소일까?

어떻게 하면 다른 사람의 눈을 통해 자신을 보는 법을 배운 사람이 자신의 관점을 찾을 뿐만 아니라 이를 언어로 표현할 수 있을까?

자유롭게 말하기는 어떻게 하는 것일까?

9장

내가 나로 말하길
멈추지 않을 때

자유롭게 말하기는 자신의 존재, 자신의 인간다움과 생존권을
함부로 다루지 않는 것과 아무것도 방어하지 않거나
입증할 필요가 없음을 전제로 한다.
자유로운 말하기는 모든 청자의 고유한 관점에
접근할 수 있도록 말한다는 의미이기도 하다.

한 남자가 나에게 협박 편지를 보낸 적이 있다. 당시 나는 20대 초반이었고 독일의 일간지에서 칼럼니스트로 일하고 있었다. 내 글의 의견란은 열성적인 혐오 발언자들에게 인기가 많은 곳이었다.

그래서 나는 내 편지함에서 처음 살해 협박 편지를 발견했을 때 놀라지 않았다. 어찌 보면 이것은 거래의 일부였다. 글을 쓰는 사람은 협박을 받기 마련이니까. 편집부에서 이 소식을 급히 알리며 나를 경찰서에 인계해주었지만 경찰은 그냥 어깨를 으쓱하더니 나를 귀가시켰다. 당시에는 지금보다 공무원들이 인터넷으로 할 수 있는 조치가 훨씬 적었기 때문이다.

반면 나는 이 협박 편지가 상당히 흥미진진하다

고 생각했다. 편지는 두 페이지로 되어 있었다. 편지를 보낸 이는 첫 번째 페이지의 절반가량을 자신과 같은 '러시아계 독일인Russlanddeutcher'이 나와 같은 '독일의 튀르키예인Deutschtürkin'보다 더 독일인에 가까운 이유를 상세하게 설명했다. 그의 조부는 독일을 위해 군대에 입대해 싸웠고, 자신의 가족이 우리 가족보다 독일에 더 오래 살았다는 등의 내용이었다. 그다음에 나를 어떻게 죽일 계획인지에 대한 아주 친절한 설명이 이어졌다. 흥미로웠다.

반년 후 나는 결혼을 했고 정치나 사회적 메시지가 없는 사랑에 관한 칼럼을 썼다. 적어도 그런 의도는 없었다. 이 칼럼은 남자가 여자에게 청혼을 할 때 가족과 함께 여자의 집을 방문한다는 튀르키예의 전통에 관한 내용이었다. 이날 여자는 모든 사람들에게 설탕을 넣은 커피를 대접하고 남자에게만 주지 않는다. 대신 남자는 소금이 들어간 커피를 받는다. 한편 나머지 사람들은 달짝지근한 커피를 홀짝홀짝 즐기면서, 얼굴 한 번 찌푸리지 않고 소금 커피를 마셔야 하는 신랑감을 재미있게 관찰한다. 사랑을 확인하는 일종의 의식인 셈이다.

이 칼럼을 쓴 후 나는 많은 사람들로부터 축하 인사를 받았다. 여기에는 나에게 살해 협박 편지를 보냈던 사람의 메일도 있었다. 그는 자신이 보낸 첫 번째 편지가 나에게 불안함을 주었을지 모르겠다는 말로 글을 시작했다. 아주 조금은 그랬을 수 있겠다는 생각이 그때 처음 들었다. 그리고 나는 당시에 협박 편지를 받고도 정상적인 일로 받아들였던 것이 얼마나 미친 짓이었는지 처음 인정했다. 그다음에 그는 사과했다. 그는 내 글을 통해 내가 단지 한 사람의 인간이라는 사실을 알게 되었다고 했다. 브라보! 그가 전에 이 사실을 깨달을 수 있었다면 좋았을 텐데.

무엇이 변한 것일까? 몇 달 전 나에게 폭력에 대한 환상을 편지로 보냈던 그 남자가 이제 내가 인간이라는 사실을 깨달은 것일까? 이 칼럼의 주제는 사랑 이야기였다. 선과 악, 비난과 방어가 없는 그냥 인간의 이야기였다. 내가 나 자신을 검열하지 않고, 나를 설명하지 않아도 되는 이야기였다. 나는 친구에게 이야기하듯이 이 글을 썼다. 이것은 이름 붙여지지 않은 자들에 대한 이해를 구하는 글이 아니었다. 나는 그냥 젊은 여자로서 사랑에 대한 글을 썼다.

이 이야기는 증오당하는 사람들에게 인간의 얼굴을 부여하며 다른 공간을 창조했다. 그래서 증오하는 자가 증오당하는 자들의 얼굴에서 깨달음을 얻게 된 것이다. 그는 그곳에서 예상치 못하게 자신의 모습 중 일부를 보았다. 그리고 그는 내 눈을 통해 자신의 모습을 보았고 자신이 증오하는 자였음을 깨달았다.

이것은 다른 사람들에 대한 비인간화이고, 비인간화는 우리로 하여금 다른 사람들을 증오하게 만들 수 있다. 이러한 비인간화는 거친 언어와 일방적인 이미지, 하지만 시나리오, 수치, 명제 등 인간의 운명에 대한 강한 추상화를 통해서도 가능하다. 여기에서 개인의 운명은 사라지고 보이지 않는다. 그래서 우리의 시선은 서로를 위해 미화된다. 우리는 이 세상에 함께 존재하는 동시에 일종의 최면 상태에 있는 셈이다. 우리가 그런 방식으로 사람들을 추상화하기 때문에 그들 안에서 더 이상 사람의 모습을 볼 수 없다. 우리는 시선을 보내지만 그들은 더 이상 보지 못한다.

우리의 학교는 젊은이들이 다원성을 추상적인 시나리오가 아닌 현실로 종종 체험하는 장소다. 학교는 인종주의에서 자유롭지 않지만, 추상화를 방해할 수 있는 장애물, 이른바 개인이 존재하는 장소다.

한 친구가 나에게 1980년대 자신의 학창 시절을 이야기해준 적이 있다. 그 도시에서 유명한 나치의 아들이 내 친구와 같은 반이었다. 어느 날 나치의 아들이 자신의 패거리와 함께 학교 정문 앞에 서서 "외국인은 왼쪽,

독일인은 오른쪽"이라고 외치며 학생들을 두 부류로 나눴다고 한다. 귀엽게 생긴 흑인 소녀인 내 친구가 그의 앞에 섰다. 그런데 그는 내 친구를 '독일인'에 해당하는 오른쪽으로 보냈다.

"왜 나를 외국인이 가야 하는 왼쪽으로 보내지 않았어?" 그녀가 물었다. "아, 너는 내가 아는 애잖아." 그가 말하며 눈짓을 했다.

그는 매일 내 친구와 얼굴을 보는 사이였기 때문에 내 친구를 추상화할 수 없었다. 내 친구를 왼쪽으로 보냈더라면 그는 더 이상 내 친구의 얼굴을 볼 낯이 없었을 것이다.

때로는 이런 것이 통하기도 한다. 개인적인 만남이 추상적이고 혼란스러운 불안을 물리치는 수단이 될 수 있다. 이러한 현상을 접촉 가설contact hypothesis[1]이라고 한다. 이 가설에 따르면 인종·종교·사회적으로 다른 집단이라도 다른 사람들과의 잦은 접촉이 편견을 없애줄 수 있다. 나는 이 가설이 실제로 통한다는 것을 종종 경험했다. 개인적인 접촉은 인간에게서 인간의 모습을 볼 수 있게 해준다.

하지만 나는 이 가설이 통하지 않는 경우도 경험했다. 나는 자기 말만 하고 남의 말은 듣지 않으려는 사람도 겪어보았다. 내가 누군가의 앞에 서 있어도, 그의 눈을 보아도, 그냥 보이지 않는 존재가 되는 경우를 말이다.

　　나는 회의에서 만난 어떤 사람에게서 이런 일을 겪고 큰 충격을 받았던 적이 있다. 예전에 나는 그가 나와 같은 여성에 대해 공개적으로 혐오 발언을 한다는 글을 읽은 적이 있었다. 아무튼 나는 이 사람에게 말을 걸었다. 개인적으로 대화를 나누면 적어도 예민한 토론 분위기를 진정시킬 수 있을지 모른다는 희망이 내 안에서 꿈틀거렸기 때문이었다. 물론 내가 이런 유형의 사람을 처음 만난 것은 아니었다. 지금까지는 우리가 눈으로만 보다가 추상화로 인해 감춰졌던 **인간의 모습이** 보이게 되는 순간이기도 했다. 그랬다. 근본적인 것부터 우리의 의견은 일치하지 않았다. 어쩌면 우리는 이러저러한 이유로 서로를 견디지 못했던 것인지도 모른다. 우리는 **인간으로서** 서로 존중할 수 있었다. 비판적이고 거리를 두되 공정함을 지키는 것. 여기에 한 인간이 있고, 놀랍게도 나와 같은 인간도 그럴 수 있다는 깨달음을 얻는 것 말이다.

　　물론 이 사람은 나에게서 인간의 모습을 보지 못했다. 이 사람은 나를 보았지만, 내가 보이지 않았다. 이 사람은 내 말을 들었지만, 내 말이 들리지 않았다. 나는 한 번도 느껴보지 못했던 불안함과 무기력함에 시달렸다. 내가 이 만남으로 인해 받은 충격에서 헤어나기까지 며칠이 걸렸다.

나에게 협박 편지를 보냈던 그 남자도 이렇게밖에 할 수 없었던 것이다. 그는 나에게서 인간의 모습을 보지 못하고, 추상적인 불안에 대한 시나리오가 구체화된 것을 보았다. 나의 존재는 그의 불안에 대한 투영면이었던 것이다. 내 신체가 이러한 혼란스러움을 구체화한 것이다. 나는 그가 두려워했던 것들에 대한 살아 있는 상징이었다.

그러던 그가 돌연 사과를 했다. 지금도 나는 그 순간을 곰곰이 생각해본다. 그의 눈에서 베일이 벗겨지고 인간으로서의 나뿐만 아니라 자신의 얼굴에서 증오하는 자의 모습을 보았을 그 순간을 말이다.

이것은 글쓰기가 삶인 내가 처음 얻은 교훈이었다. 인간으로 **존재하라. 인간으로서** 글을 써라.

내가 이 교훈을 완전히 체득하기까지는 몇 년이 걸렸다. 내가 참여했던 토론과 논쟁에 지치고 살아갈 힘을 빼앗긴 시간들이었다. 내가 그냥 인간으로 존재하는 대신, 비인간화된 시스템의 일부가 되었던 시간들이었다.

나이지리아의 소설가 치마만다 응고지 아디치에

Chimamanda Ngozi Adichie는 '유일한 이야기의 위험The Danger of the Single Story'이라는 강연에서, 한 대륙 전체가 한 가지 내러티브에 갇혀 있을 때 무슨 일이 벌어질 수 있는지 이야기했다. 그녀는 피데Fide라는 젊은 남자에 대한 이야기로 강연을 시작했다. 그녀의 집에서 집사로 일했던 그는 어린 시절부터 그녀에게 '불쌍한 피데'일 뿐이었다. 그러다 그녀는 마을에서 그의 집을 방문하고 완전히 새로운 사실을 알게 되었다. 이제 그는 '불쌍한 피데'가 아니라, 인생을 즐길 줄 알고 음악적 소양이 넘치는 한 가정의 아이였다. 몇 년 후 그녀가 미국에서 공부할 때 정반대 상황인 '불쌍한 피데' 이야기를 또다시 경험했다. 이번에는 그녀, 학자 가정의 딸인 치마만다의 이야기였다. 이 가정에서 그녀의 기숙사 룸메이트는 '가난한' 대륙 아프리카 출신의 동정심을 자극하는 소녀처럼 보였다. 몇 년이 지나 그녀는 미국의 대학에서 강사가 되었고 여러 권의 책을 발표했다. 그녀의 학생 중 한 명이 아프리카 출신 아버지들이 폭력적이라는 점이 유감이라며 그녀의 소설 속 인물을 지적했다. 그녀는 한숨을 쉬면서 자신도 최근에《아메리칸 사이코American Psycho》라는 제목의 책을 읽었다고 답했다. 그리고 그녀는 그렇게나 많은 젊은 미국 남자들이 연쇄살인범이 되는 것이 슬프다고 대꾸했다.

우리는 《아메리칸 사이코》와 같은 한 권의 소설을
통해, 호러 영화나 사이코 스릴러를 통해, 절대로 미국 사
회 전체에 대한 결론을 내릴 수 없다. 이러한 사회에 대한
우리의 인식에는 다양한 특성이 있기 때문이다. 우리는
미국 영화, TV 시리즈, 음악, 문학 덕분에 그곳에서 사람
들이 어떻게 태어나고, 살고, 죽는지 있는 그대로 알고 있
다. 우리는 이러한 문화와 사회에 대해 풍요롭고 다차원
적인 인식을 갖고 있다. 우리는 그들뿐만 아니라 **많은 것**
에 대한 이야기를 알고 있다.

　"진부하거나 틀에 박힌 생각의 문제점은 이런 것
들이 사실이 아니라는 데 있지 않고 불완전하다는 데 있
다. 클리셰는 하나의 이야기를 유일한 이야기로 만든다."
아디치에는 이렇게 설명한다. 유일한 이야기가 한 집단
사람들 전체의 인식을 지배하면 이 사람들은 더 이상 개
인으로 존재하지 않는다. 범주에 따라 인간을 정의하는
것은 무조건 틀린 것은 아니지만 불완전하다. 하나의 진
실이 **유일한** 진실이 되기 때문이다.[2]

　입장을 바꿔서 이름 붙이는 자를 이름 붙여진 자
로 만들어보면 유일한 이야기의 위험성을 가장 쉽게 증
명할 수 있다.

나이 많은 백인 남성들은 성차별주의자다. 이들은 감독, 정치인, 의사, 공직자, 교수, 교사로서 피해자들에게 자신의 지위를 권력으로 남용한다.

백인 남성들은 이상 성욕자다. 이들은 아동을 납치해 지하실에 감금한다. 성직자의 신분으로 소년들을 추행한다.

백인 남자 간병인은 돈에 대한 탐욕이 많다. 이들은 유산을 차지하기 위해 늙은 여인들을 베개로 질식시켜 죽인다.

백인 남자 경찰은 극우주의자다.

백인 경찰관들은 거짓말을 잘한다. 이들은 박사학위를 사취한다.

돈이 많은 백인들은 나랏돈으로 먹고산다. 이들은 불법적 탈세로 나랏돈을 도둑질한다.

백인들은 인종주의자다. 이들은 사람들을 자신들이 억지로 만들어낸 인종들로 분류하고, 이러한 날조된 체계에 따라 사람들을 판단한다. 이들은 전 대륙을 식민화하고, 노예화하고, 사람들을 강제로 끌고 가고, 이들에게서 땅과 지하자원을 강탈한다. 피해자들이 인종주의에 저항하면 사회 분열을 일으킨다며 이들에게 죄를 씌운다.

한 인간이 다른 인간에게
무엇이 '실재'인지 설명할 때
사실상 그는 종속을 요구하고 있는
것이다.
―움베르토 마투라나Humberto Maturana•

자신에게 질문해보자. 독일에서 소외된 소수자에 대해
어떠한 진실들이 떠돌고 있는가? 흑인 아들, 이민자 아버
지, 무슬림 할머니에 대해 우리는 얼마나 다양한 특성으
로 묘사하고 있는가?

한 인간이 끊임없이 하나의 이야기, 소위 비인간
화한, 심하게 왜곡된, 고정관념에 사로잡힌, 부정적인 이
야기를 매개로 우리의 인식으로 들어온다면 어떻게 그에
게서 인간의 모습을 볼 수 있겠는가?

그래서 한 부류는 고정관념이라는 단단한 껍질 속
으로 들어가 자라고 그 안에서 질식할 위협을 받는 반면,
다른 한 부류는 이를 거부한 채 두려워하는 사회에서 유
령처럼 떠돈다. 말하지 않는 자는 자기 자신을 위해 인간
으로 존재하지 않는다. 오직 클리셰만 살아 있다.

취재 차 나는 중년의 튀르키예 출신 여성 카더 아
블라Kader Abla를 만난 적이 있다.[3] 그녀는 똑똑한 여자다. 아

내가 나로 말하길 멈추지 않을 때

무튼 그녀가 내게 이야기해주었던 일화에 지금도 나는 관심을 두고 있다.

카더 아블라는 독일어를 할 줄 모른다. 그녀는 독일어를 제외하고 여러 가지 언어를 구사할 수 있다. 그녀는 총명하고 박식하지만, 다른 사람들은 그렇게 생각하지 않는다. 그녀는 자신감이 넘치지만, 사람들은 이런 그녀를 교양이 없다고 여긴다. 사실 그렇지 않은데도 말이다. 다른 사람들은 그녀를 보면 히잡을 쓴 모습만 보고 이런 자신감이 어디에서 왔는지 묻는다.

그녀가 돌보는 위탁 아동이 심장병을 앓고 있었다. 어느 날 이 아이가 입원한 병실에 의사가 왔다. 그는 주변을 둘러보더니 병실에 있는 사람들과 그녀의 아들에 대해 이야기했다. 위탁모인 그녀와는 아무 이야기도 하지 않았다. 카더는 꾹꾹 누르려고 애썼다. 하지만 속에서 뭔가 부글부글 끓어올랐다. 그러다가 결국 폭발했다. 그녀는 자신도 잘 모르는 말을 해보려고 노력했다. 하필 그녀의 감정에 어울리지 않는 단어들만 생각났다.

정적이 흘렀다.

그리고 천천히 그녀는 앞쪽으로 몸을 내밀고, 의사의 얼굴을 쳐다봤다.

그리고 이렇게 말했다.

"나는 보이지 않는 사람인가 보군요."

의사는 속내를 들키자 부끄러워했다.

그녀가 '나는'이라고 말하는 순간 그녀는 의사의 눈에 보였다.

그녀는 그녀 자신이 되었다.

카더 아블라의 경험은 나에게 언어의 힘을 새롭게 일깨웠다. 그녀는 말을 함으로써 허깨비 같은 모습에서 한 사람의 인간이 되었다. 그녀는 상대에게 자신이라는 존재를 인식하도록 강요했다. 하지만 그녀가 침묵했더라면 그녀는 이야기도 없는 육체에 불과했을 것이다. 그녀는 그저 전시 대상에 머물렀을 것이다.

아프리카계 미국인 소설가 제임스 볼드윈이 1951년 스위스 알프스의 작은 마을을 방문하고, 사람들이 처음으로 본 흑인 남자인 자신에 대해 어떤 반응을 보였는지 서술했다. 그가 썼듯이 미국에서 흑인들은 사람들의 마음에 드는 행동을 해야 한다고 배우기 때문에 그는 항상 웃어왔다고 한다. 하지만 이 웃음은 효과가 없었다.

인간의 거기 있음과 그리 있음Dasein und Sosein은 인정받을 수 없거나 인정받지 못하는 곳에서는 결국 누구를 위해서도 호의를 키워나갈 수 없다. 다른 사람들에게 내 치아를 드러내며 웃어야 했던 내 웃음은 그저 새롭고, 그곳에 절대 존재하지 않았던 현상이었던 것이다. 내 웃음은 그들에게 전혀 보이지 않았다. 그래서 내가 웃지 않고 투덜대기 시작했을 때 아무도 그 차이를 알아채지 못할 것이라고 믿기 시작했다.[4]

그들은 그에게서 인간의 모습을 보지 못했다. 이러한 무능력이 마을 사람들로부터 웃음이라는 보편적인 언어에 대한 시선을 차단시킨 것이다. 교사이자 교육 활동가인 글로리아 보아텡Gloria Boateng은 자신이 외국어 통신원으로 근무했던 함부르크 대학교에서 겪은 일화를 이야기했다. 어느 날 그녀가 평상시보다 일찍 사무실에 왔는데, 같은 층에서 일하는 젊은 동료가 "오늘은 늦게 오셨군요!"라고 인사를 했다.

그는 그녀를 흑인 청소 노동자로 착각했던 것이다. 그는 이 흑인 노동자를 몇 달 동안 매일 아침에 만났지만, 그동안 한 사람의 인간으로 대한 적이 없었던 듯했다. 그래서 대학교 동료와 청소 노동자를 구분하지 못했던 것이다. 이런 상황에서는 어떻게 반응해야 할까? 이러한 비인간화가 체계적이고 인종주의라는 이름을 가지고 있기 때문에 한 번이 아니라 끊임없이 반복되는 일이라면 어떻게 반응해야 할까? 보아텡은 당시에 이렇게 말하며 대화를 끝냈다고 한다. "아, 괜찮습니다. 제가 만능 일꾼이거든요. 사실은 제가 부업으로 사무실 청소도 하고 있어요. 전화 한 통이면 충분해요. 그런데 당신이 내 시급을 어떻게 책정했는지 그것만 모르겠군요."[5]

나는 왜 글을 쓰는가?
내가 해야 하는 일이기 때문이지.
모든 방언으로 표현되는
내 목소리가
너무 오랫동안 침묵해왔기 때문이지.
—제이콥 샘-라 로즈Jacob Sam-La Rose•

예술가이자 학자인 그라다 킬롬바는 이 시를 가장 좋아한다고 썼다. 이 시는 글쓰기가 되어가는 과정이라는 것을 시각화하고 있다. "나는 글을 쓰면서 내 이야기의 화자, 서술자, 저자가 된다. 나는 나 자신과 절대적인 대립관계를 만들고, 식민지적 프로젝트가 나를 결정한다. 나는 나만의 고유한 현실의 저자이자 권위자다."[6]

어떻게 하면 인간이 **실제로** 말하고자 하는 것을 말하게 할 수 있을까? 인간이 되어가는 과정을 쓰게 할 수 있을까? 인간은 자신이 말하는 자로 예정되어 있지 않은 언어 안에 어떻게 존재할 수 있을까? 그것도 자신을 위해 고안되고 만들어지지 않은 언어 안에? 어떻게 하면 인간은 검열을 받지 않고 말할 수 있을까? 어떻게 하면 인간은 다른 사람들의 관점에서 서술하지 않고 말할 수 있을까?

비가 내리던 시원한 오후에 나는 독일의 대형 일간지 편집장 사무실에 있었다. 우리는 정치 칼럼에 다뤄도 되는 주제에 관한 이야기를 나누고 있었다. "어떤 주제들이 제가 써도 되는 것인가요?" 내가 물었다. "모든 것입니다." 편집장이 말했다. "모든 것이라고요?" 내가 되물었다. "모든 것입니다." 그는 같은 말을 반복했다. 나는 이 '모든 것'의 경계를 확인하기 시작했다. "경제 정책에 대해서도 괜찮은가요?" "네." "사랑에 관해서는요?" "네." "예술에 관해서는요? 스포츠에 관해서는요?" 그는 내 말을 끊더니 말했다. "네, 퀴브라. 모든 것에 대해 써도 좋습니다."

나는 너무 놀라 사무실에 꼼짝하지 않고 있었다.

이것은 나에게는 너무 큰 부담이었다. "제가 마치 몇 년 동안 새장 속에서만 살았던 새가 된 느낌이에요." 나는 한 참 있다가 말했다. "문이 열려 있는 지금, 제가 날아가는 법을 잊었다는 것을 깨달았어요."

인간으로서, 개인으로서 **자유롭게 말하기**는 어떻게 하는 것일까? 나는 그것을 몰랐다. 그래서 처음에 나는 침묵했다.

침묵은 나를 움직이게 하는 몇몇 언어들이 존재하는 감옥으로부터의 탈출이었다. 나는 그 언어들 밖에서 나를 인식하길 원했다. 나에게 맞춰 변화하는 언어와 관점으로 나를 알고 파헤치길 원했다. 내가 설명하지 않아도 되는 영성을 체험하길 원했다. **나**로 존재해도 되길 원했다.

그래서 나는 다시 언어로 돌아가 찾기를 시도했다. 나만의 인식을 통해 이러한 경험에 적절한 단어 찾기를, 새로운 인식을 위한 공간을 창조하기를 시도했다. 이러한 인식을 다른 사람에게 설명하기 위해서가 아니라, 나 자신을 위한 표현의 욕구를 좇기 위해서. 이해받기 위해서가 아니라 존재하기 위해서.

새로운 언어를 찾겠다는 시도가 인간을 압도할 수 있다. 새로운 것은 불안을 낳고, 무지는 짐이 될 수 있기 때문이다. 물론 나는 갑자기 새로운 언어가 어떻게 가능해지는지도 체험했다. 이 언어가 만들어갈 수 있는 새로운 공간을 통해서였다. 사회에서 기업인, 시인, 법조인으로 각각 활동하고 있는 세 명의 무슬림 여자 친구들이 나를 방문해 우리의 신앙과 영성에 대해 강도 높은 대화를 나누었던 그날 저녁처럼 말이다. 이슬람과 히잡이라는 주제가 나왔을 때 우리는 툭 터놓고 대화를 나눴다. 이런 일은 흔치 않았다. 우리의 신앙은 우리의 다름을 표현할 수 있는 토대를 형성하고, 외부 세계의 경험은 우리를, 우리의 나이를, 여자라는 존재임을, 형성 의지를, 이 사회에서의 참여를 하나로 묶어준다. 우리 중 누구도 검열을 당해서는 안 된다. 이것은 공손한 대화였다.

날이 저물고 헤어지기 직전에 우리 집 앞에서 나는 디지털 청중 앞에서 이런 대화를 나눠보면 어떻겠느냐고 슬쩍 이야기를 꺼냈다. 그래서 우리는 다시 거실로 들어왔고, 인스타그램의 라이브 방송 기능을 켰다. 1분 단위로 시청자 수가 늘어났고 새벽 1시까지 600명이 이 방송을 들으며 함께 토론을 했다.

우리 중 누구도 무슬림 **여성**으로, 히잡을 쓰는 **여자**로, 이민자 출신인 **사람**으로서 말하지 않았다. 시인 친구는 시를 통해 자신의 신앙을 어떻게 표현하고, 자기 자신과 다른 사람에게 어떤 권한을 주는지, 기업인 친구는 새로운 직업 분야에 어떻게 진출하는지 말했다. 시청자들은 질문을 했고, 함께 생각했고, 서로의 경험을 나눴다. 이러한 대화는 무슬림으로서, 이민자 출신으로서, 소외된 소수자들을 하나로 묶어주었던 배척보다 강했다. 이것은 우리의 체험, 우리의 관심사, 우리의 열정, 우리의 꿈이 담긴 삶이었다.

이것이 바로 내가 수십 년 전부터 꿈꿔왔던 새로운 언어였다. 나를 이해시키고, 내 이야기와 생각에 자신들의 관점을 보완하라고 몰아붙이지 않는 사람들과의 말하기. 내가 어디에 소속되어 있는지 증명할 필요가 없는 사람들과의 말하기.

자유롭게 말하기는 자신의 존재, 자신의 인간다움과 생존권을 함부로 다루지 않는 것과 아무것도 방어하지 않거나 입증할 필요가 없음을 전제로 한다. 자유로운 말하기는 모든 청자의 고유한 관점에 접근할 수 있도록 말한다는 의미이기도 하다. 베트남계 미국인 작가 비엣타인 응우옌Viet Thanh Nguyen의 말처럼 말이다.

소수자가 글을 쓴다면 자신이 마치 다수자인 것처럼 글을 쓰지 마라. 자신에 대해 설명하지 마라. 당신을 누군가에게 맞추지 마라. 번역하지 마라. 변명하지 마라. 다수자들이 그렇듯이 모두가 당신이 말하는 것에 대해 알고 있다고 생각하라. 다수의 특권을 가진 모든 자들과 하지만 소수의 겸손한 자들과 함께 글을 쓰라. 왜 소수의 겸손한 자들일까? 굴욕감을 느끼는 사람들은 종종 무엇이 겸손인지 배우지 않기 때문이다. 그래서 힘없는 자들이 권력을 얻으면 종종 자신의 권력을 남용한다. 당신은 다수자처럼 되지 마라. 차라리 그게 더 낫다. 더 현명하라. 겸손해라. 하지만 당당해라.[7]

자유롭게 말하기는 우리의 존재가 보이지 않는 언어로부터 해방되는 것을 의미한다. 우리에 대해 설명하는 대신 우리가 언어를 바꿈으로써, 그 언어 안에 존재하기 위해 우리가 언어를 다르게 사용함으로써 말이다.

'알만Alman', '카나카데믹Kanakademic'[•][8], '비판적인 감자 집단 kritisches Kartoffeltum'[9]. 2018년부터 독일의 디지털 TV 지형을 풍요롭게 해주고 있는 프로그램 〈카라카야 토크Karakaya Talk〉[10]의 진행자는 이 세 단어와 다른 개념들을 사용했다. 이따금 눈을 깜빡였지만, 대부분은 자연스럽고 진지하게.

•   Kanake는 남동부 유럽, 근동 및 중동 지방, 북아프리카의 외국인을 비하하는 표현이며 Kanake와 academic의 합성어

이것은 세계에 대해 특정한 관점, 단지 관찰 대상으로만 등장하는 소외된 집단들의 관점을 지닌 단어들이다. 이 방송은 단지 이런 이유로 부각된 것이 아니었다. 다른 관점을 가진 자들이 그곳에서 자신의 소리를 낼 수 있는 플랫폼을 찾았기 때문이었다. 무엇보다 이들이 자신의 존재를 설명하고 이해시키려는 노력을 기울이지 않고 말할 수 있는 공간이었기 때문이었다. 이러한 태도 자체가 이들에게는 해방을 의미하는 행위였다. 이 프로그램의 아이디어 제공자이자 제작자 겸 진행자인 에스라 카라카야 Esra Karakaya는 자신의 대화 상대에게 동등한 위치에서 대화하고, 생각을 나누고, 개성과 상처를 드러낼 수 있는 공간을 마련한 것이다.

　　첫 방송에서 그녀는 히잡을 쓴 모델 때문에 논란이 많았던 한 대형 제과업체의 광고를 주제로 다루었다. 이 프로그램의 초대 손님 중 히잡을 쓴 남자는 단 한 명도 없고, 히잡의 형태로 된 것을 착용한 여자들만 있었다. 초대 손님들 중 누구도 히잡을 쓴 여성을 대표해야 한다는 압박감을 느끼지 않았다. 모두가 전문성과 지식을 갖춘 개인으로 출연했다.

　　내가 카라카야에게 이 방송이 말하기와 언어의 대안적 형태를 제시할 공간을 의미하는지 물었을 때 그녀

247

는 이렇게 대답했다.

먼저 나에게 떠오른 것은 솔직함이었어요. 당연
히 나는 있는 그대로의 나로 존재할 수 있는 공간
을 원했죠. 나는 그렇게 부르짖고 있고요! 나는 이
곳에서는 내 위에 누구도 없다는 걸 알죠. 나는 누
구에게도 의존하지 않아요. 우리는 그렇게 우리
가 편안함을 느끼고 우리가 편안함을 느낄 수 있
는 틀을 만들어가는 것이죠. 내가 구어체로 말할
때, 내가 카나케로 말할 때, 편안함을 느끼게 될 거
예요. 이것은 자유와 관련이 있어요. 진행자의 자
리에 앉아 사람들이 천편일률적인 스타일과 방식
으로 말하고 있다는 사실을 눈치챌 때의 기분은
정말 끝내주죠! 당신이 〈마이슈베르거Maischberger〉•
에 출연했을 때 절대로 그런 식으로 말해서는 안
된다는 것을 나도 알죠. 아마 사람들은 당신을 면
도칼로 베어내듯 정리하고, 중간에서 철저히 검열
하고, 당신에게서 무언가를 박탈하겠죠. 사람들은
당신을 깎아내리기 위해 이것을 도구화하겠죠. 우
리가 무엇을 할 수 있는지 아는 것, 우리가 원하는
대로 말해도 된다는 사실을 아는 것, 이것만으로

• 독일의 여성 앵커 잔드라 마이슈베르거Sandra Maischberger가
진행하는 시사 프로그램

도 좋은 것이 아니겠어요? 이것은 치유와도 관련
이 있어요! 자유와 치유.

2016년, 나는 미국의 흑인 동성애자 남성의 삶을 다룬 영
화 〈문라이트Moonlight〉를 봤을 때 많은 장면을 이해하지 못
했다. 이 영화는 내가 이해하지 못하는 것을 표현하고 있
었기 때문에 지식, 지시 관계, 맥락에 대한 이해가 부족했
다. 나는 흑인에 대해서도, 동성애에 대해서도, 남자에 대
해서도 모르고 미국에 살지도 않지만, 이 영화는 내게 깊
은 인상을 남겼다. 이 영화는 많은 전제가 깔린 상태에서
이야기를 풀어가고 있었기 때문에 내가 특정한 것들을
이해하지 못한다는 사실에 부담감을 느꼈고, 나의 한계
를 깨닫게 해주었다.
　　　내 머릿속에 미국 할리우드 영화의 코드를 이해
하는 데 익숙해져 있었기 때문이라는 생각만 떠올랐다.
그래서 나는 모든 문화적 지시 관계를 포함하여 미국 백
인 남성들의 삶에 쉽게 감정을 이입할 수 있었던 것이다.
어떻게 그렇게 되었을까? (이 책에는 왜 미국의 책, 영화, 정
치, 사회와의 관련성이 많이 언급될까?) 답은 명확하다. 그동
안 우리 모두에게 세상은 미국 백인 남성들의 관점으로
제시되어왔기 때문이다. 시골 사람들이 도시 사람들의

눈으로 세상을 보는 데 익숙한 것처럼, 동독 사람들이 서독 사람들의 눈으로, 여성이 남성의 눈으로, 가난한 자가 부자의 눈으로 세상을 보는 데 익숙한 것처럼, 이제 우리는 여성, 아동, 자연, 비백인, 다른 나라, 다른 대륙, 궁극적으로는 우리의 눈을 통해 세상을 보는 데 익숙해져야 한다.

우리가 이들을 단지 빈곤의 위협에 시달리는 사람들의 관점으로 보고 묘사해야 한다면 이러한 사회에 대한 우리의 인식이 어떻게 바뀔 수 있겠는가? 우리 자신에 대한 우리의 이야기가 어떻게 바뀌고, 그 결과 우리 사회가 어떻게 바뀔 수 있겠는가?

우리는 환기를 위해 다른 사람의 관점에서 이야기하고, 누군가는 새로운 것을 제안할 수 있어야 한다. 이러한 끊임없이 많은 관점들이 차이를 만든다. **하나의** 새로운 이야기, **예외적인 사례**만으로는 충분하지 않다. 우리에게는 동등하게 나란히 설 수 있고 아주 다양한 관점들에서 비롯된, 이 세상에 대한 다양한 관찰이 필요하다.

1990년대 북아일랜드 분쟁 당시 북아일랜드의 여학생들 그룹이 출연한 영국의 틴 시트콤 TV 시리즈 〈데리걸스 Derry Girls〉에 젊은 여자들이 교복 착용 의무에 반발하자고 공동 결의를 하는 장면이 있다. 이들은 한 사람의

'개인'으로 존재하기 위해 앞으로 자신의 재킷을 입고 등교하려고 한다. 그런데 다음 날 아침 등굣길에서 보니 단한 사람, 클레어만 교복 착용을 거부하고 있다. 실망한 그녀는 친구들에게 어찌 된 영문인지 묻는다.

"내가 생각해봤는데, 우리가 꼭 올해에 한 사람의 개인으로 존재하겠다는 의지를 실행에 옮겨야 할까?"

"나도 그러려고 했어, 클레어. 그런데 우리 엄마가 허락하지 않으셔."

"아니, 나 혼자만의 힘으로는 한 사람의 개인으로 인정받을 수 없어." 클레어가 말하면서 재킷을 벗는다.

자유롭게 말하기를 실천하려면 수백만 명의 힘이 필요하다.

나는 이 책에서 내가 던진 질문들에 대해 최종적인 답을 제시하지 않았다. 물론 나는 자유롭게 말하기라는 생각이 정답에 다가가는 길이라고 생각한다. 언어의 박물관에 전시되어 있는 존재인 우리가 먼저, 우리들을 이해시키기 위해 변명하듯 말하기를 멈추고, 있는 그대로의 모습으로 존재하기 위해 말한다면 말이다. 우리가 이해를 받을 수 있든 말든 상관없다. 우리가 더 이상 다른 사람의 눈으로 우리를 보지 않아야 자유로워질 수 있다.

남자들은 자신들이 기준점이고
주도권을 행사하는 것을 전제로 한다.
사회에 자신들의 가치를 기록으로
남기고
자신들의 생각을 함께하지 않는
이들에게 강요하기 위해
여자를 희생시켜 자신들의 주도권을
실현한다.
이중적 윤리가 지배하는 이 과정이
남자들이 무엇을 하든 간에
여자들보다 더 나은 존재로 인식될 수
있도록 보장해주고 있다.
—데일 스펜더

이의는 피할 수 없다. 모든 사람이 자신의 관점에서 말하고 모든 이야기에 기본 전제들이 많이 깔려 있다면, 그래서 모두가 바로 이해할 수 없다면, 사람들이 서로를 어떻게 이해할 수 있을까? 다른 견해는 다른 사람들을 **이해하지** '않는' 것이 전혀 익숙하지 않은 사람들에게서 생긴다. 이것이 이들의 관점이고, 세상은 이 관점으로 관찰되는 것이기 때문이다. 모든 다른 자들에게 세상은 이미 복잡하다. 이들은 이미 여러 언어를 사용하고 있고, 자신들과 비슷한 사람들이 단 한 명도 나오지 않는 이야기들을 항상 듣고 있다. 이들은 그것을 **할 수 있다.** 자신들에게는 모든 것을 설명해주지 않는 세상에서 살아가는 데 익숙하다. 모든 것을 자신의 관점으로 보지 않는 것이 표준화된 세상에서 살아간다. 자신의 관점이 수많은 관점 중 하나에 불과하다는 사실을 알고 있는 세상에서 말이다.

　　백인 여자 친구가 독일의 튀르키예 축제, 나이지리아 결혼식, 아프가니스탄의 헤나의 밤 등 오히려 백인이 눈에 띄는 축제나 행사를 방문하면, 사람들은 그녀를 위해 애쓴다. 그녀에게 글로 쓰여 있지 않은 룰들을 설명하고, 소개하고, 그녀가 편안한 시간을 보내고 있는지 확인하고 쓸데없는 말이나 행동으로 기분을 상하지 않게 하려고 한다. 개인의 관점과 한계가 있다는 것을 인식하고 생활환경이 서로 다르다는 것을 알고 있기 때문이다. 하지만 그러한 행동과 태도의 저변에는 자기 자신에 대해 설명하고, 자신의 생활환경을 그들의 언어로 해석하고, 주류 사회의 관점에 맞춰야만 했던 경험에서 나온 습관이 깔려 있다. 그러한 만남에서 모든 관심은 백인과 그의 안위로 쏠리기 일쑤다. 백인이 있으면 많은 사람들이 다르게 행동한다. 그런데 그 순간부터 이들은 '관찰' 대상이 된다. 어쩌면 평가도 받을지 모른다. 그리고 판단의 대상이 된다. 백인 여자 친구는 관객이 된다. 그녀에게는 자신의 관점으로 소수자들 속에 존재하며 자신의 한계를 깨닫는 계기가 어떤 것인지 느낄 기회가 없다. 입장이 바뀌어서 내가 단 한 명뿐인 비백인이라면, 다른 사람들을 불편하게 하지 않기 위해 어떻게 해서든 분위기를 파악하고 한시라도 빨리 그들의 룰에 익숙해지는 것이 거의 항상 전제되어 있다. 지금까지 나는 그렇게 해왔다. 나는 내 지식과 인식의 한계를 알고 있기 때문이다. 우리처럼 다른 자들은 이런 능력을 습득한다. 이것은 선물이다.

영화 제작자이자 작가인 카르티나 리처드슨Kartina Richardson은 에세이 《어떻게 하면 미국의 백인들은 자유로워질 수 있을까?How Can White Americans Be Free?》에서 백인이 표준이라는 사실이 백인들에게서 개인의 이야기를 빼앗아간다는 것을 보여주었다. 그녀는 묻는다. "백인들은 백인이라는 존재의 신화가 빚은 자아상이 지금 이 나라에 심각한 비정의를 초래하고 검고 어두운 피부색을 가진 자들에게 엄청나게 큰 짐을 지웠다는 사실을 자각하지 못한다. 이런 그들이 어떻게 괴로워할 수 있고 이 사실을 잊을 수 있을까?"[11] 누군가를 억압하여 얻은 특권을 누리는 자들의 아픔이 하찮게 취급되는 것을 모른 채, 비교적 많은 특권을 가진 자들이 자신의 개인적인 아픔을 어떻게 표현할 수 있단 말인가? 리처드슨은 특권 받은 자들의 아픔이 누군가에게는 진지하게 받아들여지지 않을 수 있다는 사실을 다루는 것이 얼마나 부조리해 보일지 알고 있다. 물론 그녀가 던진 질문은 표준이 혜택을 받는 자들을 어떤 방식으로 가두는지 보여주었다는 점에서 의미가 있다.

　　"너희는 미래이고, 너희는 현존과 관련성을 실제로 설명해야 한다." 강연이 끝난 후 저녁에 백인 저자가 유색 인종 작가들의 모임에서 이렇게 말했다. 그녀는 질투심이 아니라 진지하고 희망에 가득 차 이렇게 말했다.[12] 실제로 나는 다른 강연에서 아주 비슷한 생각을 했던 기억이 났다. 수상 경력이 있는 한 독일인 작가가 자신의 가장 최근 원고를 낭독했다. 나는 그녀의 글이 숫자와 동물에 관한 것이라고 생각했다. 몇 분 동안 나는 완전히 매료되어 있다가 이내 무료함에 빠졌다. 그녀의 글에서 절박함을 느끼지 못했기 때문이었다. 다음 순서는 팔레스타인계 시리아 시인 가야트 알마드혼Ghayath Almadhoun이 낭독할 차례였다. 그는 시리아 전쟁이 일어나기 전에 스웨덴으로 망명해 현재 스톡홀름에 살고 있다. 청중석에 있던 대부분의 사람들은 번역된 문장으로만 그의 글을 이해할 수밖에 없었지만, 그의 문장 하나하나에 엄청난 힘이 깃들어 있었고 머릿속에 그 잔상이 계속 남아 있었다. "난민들은 왜 익사하고, 그들은 왜 숨을 거둔 후에도 계속 물 위를 떠다녀야 할까요? 왜 정반대의 일은 일어나지 않을까요? 그 사람은 왜 살아 있을 때 물 위를 떠다니지 않고, 죽었을 때 가라앉는 것일까요?" 자신의 시에서 그는 이런 질문을 던졌다.[13]

그의 작품의 관점에서 그녀의 작품은 중요성을 상실한 것일까? 그녀의 관점이 인정받고 그의 관점이 무시당하는 세계에서는 그렇다. 하지만 두 사람이 서로 다른 관점으로 동등한 대우를 받고 공존할 수 있는 다른 세상에서는 가능하다. 진부함을 고민하는 그가 자유를 얻는 세상, 그녀가 자신의 고통을 글로 녹여낼 때 무시당하지 않는 세상.

아직 우리는 그런 세상에 살고 있지 않다. 아직 우리는 모든 사람들의 인간다움이 실질적으로 인정받는 구조, 한 사람의 관점이 다른 사람에게 위협이 되지 않는 구조에서 살고 있지 않다. 우리가 절대성을 주장하지 않을 때, 어떤 관점도 다른 관점을 지배하지 않을 때, 이를 구조적으로 예속시키고 통제할 때, 모든 사람들이 혈통이나 인종, 신체, 종교, 성, 성별, 국적과 관계없이 자유롭게

말할 수 있다. 그런 후에야 우리 모두가 나 자신으로 존재
할 수 있다.

10장

대화에서는 모두가
승리한다

우리는 인간이다. 우리는 실수를 한다.
우리는 상처를 주고 상처를 입는다.
우리가 서로에게 끊임없이 한 가지 입장만 강요하지 않을 때만,
우리가 스스로와 다른 사람들에게 경직된 관점으로
구속하지 않을 때만, 우리는 함께 앞으로 나아갈 수 있다.

앨리스: "여기서부터 내가 어떻게 가야 하는지
알려줄 수 있겠니?"
"그건 네가 어디로 가길 원하는지에 달려 있어."
고양이가 말했다.
─루이스 캐럴

당신에게 세 가지 질문을 하겠다. 당신은 미래에도 다원
주의 사회에서 살고 싶은가? 만일 그렇다면 당신은 이웃
들과 동등한 권리와 동등한 위치에서 그러기를 원하는
가? 다원주의 사회에서 동등한 권리를 갖고 동등한 위치
에서 함께 사는 것은 구체적으로 무엇을 의미하는가?

　　지금까지 같은 테이블에 앉는 것이 허용되지 않았
던 모든 이들이 한 테이블에 앉는 것은 무슨 뜻인가?

　　사회학자 알라딘 엘-마팔라니Aladin El-Mafaalani가 현대
의 사회정치적 갈등을 이렇게 테이블 메타포에 빗대어
표현했다. 현재 우리는 1960년대보다 성차별주의를 더
많이 언급한다. 예전보다 오늘날의 성차별이 더 심각하
기 때문이 아니라 여성의 사회·정치·경제적 지위와 성과

가 높아져 이에 대한 요구가 더 커졌기 때문이다. 여성들은 정말로 정당한 대우를 원한다. 정당한 대가를 지불받길 원한다. 자기 자신, 자신의 신체, 자신의 일, 자신의 지성을 존중받길 원한다. 이민이라는 주제도 이와 비슷한 상황이다. 엘-마팔라니는 이민 1세대는 같은 테이블에 앉지 못하고 바닥이나 구석 자리에 앉았다고 표현한다. 이들의 자녀인 이민 2세대는 독일에서 출생하거나 사회화를 겪었다. 바로 이들이 테이블에서 자신의 자리와 테이블에 차려진 것들에 대해 서서히 자신의 몫을 요구하기 시작한 것이다. 이민 3세대는 테이블에 차려진 것들에 대해 테이블에 앉아 있는 모든 동료들과 마찬가지로 함께 결정할 권리를 원하고 '테이블 원칙'의 배경을 묻고 있다.

이러한 세대들이 사회에 점점 더 많은 것을 요구하고 주장하고 있다. 그만큼 갈등이 생길 가능성도 커지고 있다.[1] 학교에서 청소부로 일하는 히잡을 쓴 여자는 이러한 원칙에 관한 논의를 주도하지 않으므로 상관이 없다. 하지만 학교에서 학생들을 가르치고 싶어 하는 히잡을 쓴 여자는 문제로 여겨질 수 있다는 것이다.[2] 엘-마팔라니는 이것이 역설이라고 한다. "통합에 성공하면 (……) 갈등 가능성(이 높아진다), 포용, 동등한 권리 혹은 참여 기회 증가가 생활방식의 동질화가 아닌 이질화, 사회에 더 많은 조화와 합의가 아닌 더 많은 불화를 가져와 새로운 협상을 요구하고 있기 때문이다."[3] 공동의 언어가 참여를 통해 변하고 있다는 것이다.[4]

누군가는 더부살이를 하면서 주어진 상황에 만족하지 않는다고 말할지 모른다. **테이블에 같이 앉을 수 있게 해주는 것에 기뻐해! 이곳이 마음에 들지 않으면 네가 태어난 나라로 돌아가!**[5] 그렇게 말하는 사람은 우리의 기본법이 추구하는 이상에 위배되는 인종주의적 태도를 드러내는 것이다. 그들이 주장하는 논리에 따르면 소속은 누구에게나 적용되는 조건이 아니라는 사고로 이어진다. **동등한 권리를 원하면 그렇게 대접받을 자격을 받을 만하게 행동하라고.**

하지만 왜? 여자들은 왜 침묵하고 지도자의 직업을 가진 것에 감지덕지해야 할까? 동등한 위치의 남자들처럼 기업 조직에 집중하고 변화시키려고 하면 안 될까? 왜 젊은 흑인 남자는 침묵하고 이곳에서 생계를 이어갈 수 있는 것에 감지덕지해야 할까? 젊은 백인 남자들처럼 정치적인 요구와 사회 비판을 하고 구조적인 변화를 촉구하면 안 될까?

다원주의는 자신의 잠재력과 자신의 문제를 포함해 소수자와 소외된 집단을 인정한다는 뜻이다. 이들을 무시하거나 낭만적으로 묘사하는 수준에 머무르는 것이 아니라, 이런 것들을 공동으로 해결하기 위한 것이다. 이런 것들은 **이들의** 문제가 아니고, **낯선 사람들의** 문제가 아니고, **외부의** 문제가 아니고, 결국 **우리의** 문제이기 때문이다.

돈을 잘 버는 가나 출신 의사가 이탈리아 출신의 알코올 중독자와 똑같은 취급을 받는다. 교사도 실업자와 건축가도 알코올 중독자와, 학자도 범죄자와, 시인도 인종주의자와 똑같은 취급을 받는다. 우리가 실업, 마약 중독, 범죄, 극단주의를 옳다고 여기기 때문이 아니라, 우리 사회의 중심에 존재하는 이러한 문제가 우리 모두의 책임이기 때문이다. 우리 아이들 **모두가** 이에 대한 잠재적 피해자다. 이슬람 극단주의와의 싸움을 우연히 종교가 같은 이들만의 **단독적인** 책임으로 몰아가봐야 아무런 도움이 되지 않는다. 각각의 특수한 상황이 이에 대한 근본적인 역할을 하는 것은 자명한 사실이다. 이러한 **다른 사람들만** 이 문제에 대한 책임이 있는 것도 아니고 그렇게 한다고 해결할 수도 없다. 물론 이들에게는 책임이 있다. 그리고 사회에도 책임이 있다. 공동의 책임이 있다.

"우리가 설파하는 민주주의를 실천하거나 아예 입을 닫는 수밖에 없다." 1964년 아프리카계 미국인 인권운

동가 애덤 클레이튼 파월 주니어 ^{Adam Clayton Powell jr.}는 이렇게
말했다.[6] 우리가 다원주의 사회에서 정말로 동등한 권리
와 위치로 함께 살아가길 원한다면 동등한 권리와 다원
주의에 대한 맹목적인 **환상을** 꾸며내서는 안 된다.

이것이 환상에 관한 문제인지 우리는 이런 질문을
통해 확인해볼 수 있다. '우리' 아이들은 누구를 의미하는
가? 정치, 언론, 교육 기관, 즉 우리의 미래를 협의하는 곳
에서 특정한 집단의 아이들에 대해 '우리' 아이들이 아닌
것처럼 말하는가? 이 아이들이 '남'의 아이들인 것처럼 말
하는가? 그렇다면 우리는 수상한 환상을 꾸며내고 있는
것이다. '우리 아이들'이 모든 아이들을 의미할 때 우리의
요구에 더 가까이 다가갈 수 있다.

이민, 난민, 통합에 관한 현재의 논쟁에서 관찰
할 수 있듯이 요구와 현실 사이의 갈등은 감정을 자극한
다. 사회과학자 나이카 포루탄 ^{Naika Foroutan}은 이렇게 썼다.
"우리는 '개방적이고 계몽된 민주주의의 고유한 요구에
(……) 좌절하고 있다." 이어 그녀는 이렇게 썼다.

후기 이민 사회의 핵심적인 갈등은 표면적으로는
이민을 중심으로 돌아가고 있다. 사실 이러한 갈
등은 현대 민주주의가 유발한 것이다. 다원성과

평등을 기본 원칙으로 하는 현대 민주주의에서 평
등에 대한 합의와 인정은 핵심을 이루는 약속이기
때문이다.[7]

우리 시대에 대부분의 갈등은 원래 우리의 이상을 실현
하는 것과 관련이 있다. 독일 기본법의 아버지들과 어머
니들이 만든 그 이상들. **모든 사람은 법 앞에 평등하다.**
남녀는 동등한 권리를 갖는다. 그리고 **성별, 혈통, 인종,**
언어, 고향, 출신, 신앙, 종교관이나 정치관으로 인해 차
별당하거나 특별한 대우를 받아서는 안 된다.

그런데도 이런 일이 현재 벌어지고 있다. 우리는
매일 우리의 현실이 우리의 이상과 얼마나 동떨어져 있
는지 경험한다. 이것이 우리에게 주는 교훈은 무엇일까?
첫째, 우리가 만족하지 못하는 것은 괜찮다. 우리가 서로
의 차이를 인정하고, 아직 갈 길이 멀다는 사실을 인정하
는 것으로 충분하다. 둘째, 우리가 동등한 권리, 평화적이
고 서로 존중하는 이웃, 지속성, 정의를 진지하게 여긴다
면 곳곳의 작은 변화 그 이상의 것이 필요하다. **실질적인**
문화 변화가 바로 그것이다.

문화 변화는 어떤 모습일까? '포용'을 장려하고 장
애 여성 **한 명**을 고용한 기업이 있다고 하자. 이 여성은

움직일 수 있고 휠체어를 탄다. 그런데 이 기업의 건물에는 경사로가 없고 팀 워크숍은 항상 그녀가 통행하기 어려운 장소에서 열린다. 진정한 문화 변화가 없는 한 여기저기에 최고 지위에 오르거나 대표직에 고용되거나 '**전시되는**' 사람들만 있다. 이들은 '다르고' 소위 포용하는 사회의 은폐 수단이기 때문이다. 사회의 핵심적인 위치에서 일하는 것은 문화 변화의 끝이 아니라 시작이다. 이것이 가장 첫 발걸음이다. 그리고 전제 조건이다.

이것은 파트너 관계와 똑같다. 당신이 새로운 사람을 만나 사귀려고 할 때, 당신의 감정적 개방성은 목표가 아니라 다른 사람과 자기 자신을 더 잘 알기 위한 전제 조건일 뿐이다. 장점과 단점, 성격과 결점 등이 모두 여기에 속한다. 하지만 그 과정에서 당신의 변화는 불가피하다. 당신이 정직하고 평화로운 이웃 문화를 발전시키고자 한다면 변화는 필연적이다.

우리 모두가 변해야 한다. 다 함께.

나의 유토피아가 완전히 멀리 있지
않다는 사실을
나는 터득했어.
나의 유토피아는 내 머릿속에서,

내 행동 가운데,

너무도 잘 살아 있기 때문이지.

진리는 믿기 어렵지만

현실은 믿어.

더 이상 이것이 존재하지 않는다는

사실을 믿기에는

너무 늦었어.

—수키Sookee●

변화는 불가피하다. 이 생각은 많은 사람들의 불안을 부추긴다. 우리를 변화시키는 낯선 이들에 대한 불안. 우리 자신을 잃어버릴지 모른다는 불안.

이러한 불안은 어디에서 올까? 불안은 '낯선 사람'이라고 표현되는 이들이 동등한 권리를 가진 인간이라는 사실을 인식하기 어려운 것과 관련이 있지 않을까? "페미니즘은 여성이 인간이라는 극단적인 사고다." 미국의 작가이자 페미니스트 활동가 마리 시어Marie Shear가 남긴 유명한 문장이다.[8] 이 문장의 요지는 부당함이 바로 잡혀야 한다는 생각이 극단적이라는 것이다. 이것은 우리가 미래로 함께 걸어가야 할 이웃에 관한 문제이기 때문이다. 아무튼.

사실 우리를 불안하게 하는 것은 이런 질문들이다. 어떤 미래로 가야 할까? 미래는 어떤 모습이고, 어떻게 미래를 형성해나가야 할까? 사회 변화는 우리 모두에게 두려움을 자아낸다. 변화는 불확실한 미래를 위해 오랫동안 친숙했던 것들과 이별해야 한다는 의미이기 때문이다. 피부색, 성별, 종교, 계급, 성적 성향 때문에 누구도 차별받지 않는 세상은 어떤 모습일까? 사람들이 실제로 자신이 필요한 만큼만 소유하는 세상? 다른 사람들을 착취하고 비인간화함으로써 부富를 쌓지 않는 세상? 솔직하게 말해 어떤 모습일지 나도 확신할 수 없다. 나는 그런 세상을 알지 못하고, 누구도 그런 세상을 알지 못하기 때문이다.

이런 맥락에서 유일하게 확신할 수 있는 사실은 언젠가 더 정의로운 사회가 가만히 있으면 저절로 나타나지 않으리라는 것이다. 사회와 정치적 정의가 언젠가 우리의 미래가 된다면 "이를 실천하기 위해 공동으로 행동하는 사람들의 의식적인 행동을 통해 이루어질 것이다." 미국의 사회학자 에릭 올린 라이트Erik Olin Wright는 이렇게 썼다.[9] 이러한 이상들이 갑자기 곳곳에서 실현되어야 한다는 생각에서 벗어난다면 우리 스스로 유토피아가 잘 돌아가는지 시험할 수 있는 공간을 열 수 있는 자유를 창조할 수 있다. 이러한 시험이 제한적으로만 성공할 수 있다는 사실을 잘 알고 있지만 말이다.[10] 라이트는 이러한 장소를 '실제의 유토피아'라고 표현했고, 한 번에 완벽한 기관을 구성해 우리 모두가 쉼을 얻을 수 있다는 환상을 버려야 한다고 주장했다. 그리고 그는 이렇게 썼다. "우리는 긴장을 늦출 수 없다." 정의로운 사회의 모든 이상에 부합하고 자정 능력을 가진 완벽한 기관이 존재할 수 없기 때문이다. 그래서 그는 변함없는 경계 태세와 꾸준한 학습이 필요하다고 했다. "결국 이러한 가치의 실현은 인간의 행위 능력에 달려 있다. 더 나은 세계를 만드는 데 동참하겠다는 창조적인 각오, 이 과정에서 불가피하게 나타나는 실수를 통해 배우고, 이렇게 일궈낸 발전을 열정적으로 방어하는 것이다."[11]

따라서 지금 우리에게 필요한 것은 규정된 공식, 누군가의 노력으로 거저 얻은 단순한 답변이 아닌, 우리 사회의 미래에 대한 포용적이고 투명한 논의다. 내가 말하고자 하는 것은 양극화된 의견과 강경한 대립 구도를 연출하는 TV 토크쇼가 아니다. 한편에서는 공동의 대화와 사고라는 새로운 형태를, 다른 한편에서는 미래와 같은 다른 질문들, 특히 우리가 아직 답을 찾지 못한 그러한 질문들을 다루는 것이다.

이제 이런 질문들을 하며 살아가라.

어쩌면 당신은 먼 훗날 그 답 속으로

들어가게 될 것을

깨닫지 못한 채 서서히 경험하게 될지

모를 테니까.

—라이너 마리아 릴케 Rainer Maria Rilke

우리는 문제점을 지적하면 바로 해결책을 제시해야 한다
는 책임감에 시달린다. 내 인생을 결정했던 이 충동이 무
엇인지 나는 안다. 이 문제의 더 심오하고 구조적인 원인
은 밝혀지지 않은 채 그대로 있다. 그런데 우리가 이 사회
의 수많은 문제와 폐단을 정지 상태로 붙들어놓으면 무
슨 일이 벌어질까? 혹시 다른 새로운 그림이 나타나지 않
을까? 구조적인 상관관계를 명확하게 밝히는 한 가지 그
림?

　　2018년 이후 수천 명, 그사이 수백만 명의 젊은이
들이 '미래를 위한 금요일'에 참여해 기후 위기의 심각성
을 알리고 있다. 이들은 끈질기게 전력을 다해 환경 문제
에 대한 관심을 촉구하고 있지만, 이 문제는 정책과 같은
상징적인 조치들을 통해 진정될 수 없다. 이것은 옳고 중
요한 지적이다. 이러한 조치들 중 많은 것들이 근본적으

대화에서는 모두가 승리한다

271

로 낙후된 시스템의 빈틈을 막는 수준에 불과해 쇄신을 지연시키거나 막고 있기 때문이다. 이러한 젊은이들은 정치적 해결 방안 없이 '단지' 문제만 지적한다며 비판받고 있다. 이것은 새롭지 않은 태도에서 나타나는 증상이다. 사회 정의에 관한 논의에서도 사회적 폐단으로 고통받는 자들은 종종 방해꾼의 역할이다. 이들이 비정의非正義를 언급하면서 이런 문제들은 오히려 귀찮은 일이 되고 만다. 예를 들어 집시들이 반시온주의•를 주제화했을 때 이들은 피해자의 관점에서 벗어나 논증을 펼치라며 공격을 받았다. "불평등한 대우나 배척에 저항하는 자는 종종 배척으로 인해 생긴 범주 안에서 어쩔 수 없이 논증해야 한다." 독일의 작가이자 출판인 카롤린 엠케Carolin Emcke는 이렇게 썼다.[12]

　　전통, 인습, 신념에 의문을 품는 것은 청소년에게 주어진 선물이자 과제다. 유대인의 유월절 성만찬에서 한 친구가 나에게 자신의 가족이 종교 절기를 지키는 전통에 대해 설명해주었다. 아이들은 가운데에 앉고 어른들은 그 주위에 빙 둘러앉아 있다. 이날 아이들은 저녁 내내 어른들에게 신앙, 하느님에 관해 자신이 원하는 모든 질문을 할 수 있다. 내 친구는 질문하는 법을 배우는 것이 아이들은 물론이고 어른들의 정신과 지적 능력을 깨어

•　　이스라엘에 대한, 또는 팔레스타인 내 유대 국가 건설 움직임에 반대하는 주의를 포괄적으로 정의하는 말

있게 해준다고 이야기해주었다. 바르고 중요한 질문이야
말로 이치에 맞지 않는 질문을 하며 대화하고 정체 상태
에 있는 이 시대에 정말로 필요한 도전 과제다.

　　한 번은 내가 페미니즘에 관한 단상 토론에서 다
양한 폐단을 열거한 적이 있다. 그때 진행자가 내 말을 끊
고 이렇게 말했다. "그럼 이제 긍정적인 측면을 말씀해주
시지요. 무엇이 잘 돌아가는 것인가요?"

　　나는 당황했다. 내가 잘 돌아가지 않는다고 지적
한 부분은 전혀 부정적인 것이 아니었다. 폐단을 언급할
때 긴장감이 유지되어야 한다는 내용이었다. 우리는 이
처럼 파악하기 훨씬 어려운 증상 뒤에 숨겨진 구조적인
원인을 알 필요가 있기 때문이다. 반유대주의, 반무슬림
인종주의, 성차별주의, 장애인 차별 등이 서로 연결되어
있는 차별 패턴을 알아야 한다.

　　정확하게 이것은 상호교차성에 대한 요구다. 아프
리카계 미국인 학자 킴벌리 윌리엄스 크렌쇼Kimberlé Williams
Crenshaw가 1980년대 말에 도입했던 이 개념은 성차별, 인
종주의, 두 가지의 상호작용에 의해 야기될 수 있는 차별
경험 등 흑인 여성들이 겪는 문제를 서술하고 있다. 우리
가 다양한 차별의 형태들을 함께 생각해보면, 몇 발짝 물
러나 전체 그림을 관찰하고 이러한 폐단들의 공통점이

무엇인지 질문해본다면, 차별은 지속적으로만 철폐될 수 있다는 사실을 알 수 있다.

이러한 유형의 성찰을 위해 우리에게는 다른 대화 공간이 필요하다. 우리가 공개적으로 소리 내어 생각하기*를 해도 되는 공간은 어디에 있는가? 토크쇼의 정해져 있고 소위 대안 없는 입장들은 제3의 선택지도 없이, 의심, 망설임, 깊이 생각할 공간도 없이, 소셜 미디어와 단상 토론에서 반복적으로 새로운 충돌을 일으킨다. 이러한 하나의 공개 논의 모드에 대해 어떠한 대안들이 있을까?

이외에 필요한 것은 바로 망설임이다. 의심. 자신의 생각을 바꿀 가능성. 자신의 입장에 대한 근거를 물을 가능성. 우리에게는 생각할 수 있는 공간이 필요하다. 이것은 우리가 얼마나 대단하고, 우리가 얼마나 많이 아는지 보여주기 위해서가 아니라, 우리가 얼마나 **모르는지**, 그러면서 논의하고 싶어 하는지 보여주기 위해서다.

나는 이스라엘의 비디오 아티스트이자 연극 기획자 야엘 바르타나 Yael Bartana 의 《만약에 여자들이 세상을 지배한다면 What If Women Ruled The World》 연출을 위해 무대에 서서 다른 사람들과 세계의 군비 축소 정책에 대해 논의하던 순간 해방감을 맛보았다. 이 토론에서 나는 **내가** 아니라 허구의 인물이었기 때문이었다. 나는 평판에 신경 쓸 필

•   Thinking aloud, 인지심리학 용어로 생각을 말로 표현함으로써 인지기능과 기억력을 촉진하는 방법

요가 없었다. 이러한 자유, 이러한 홀가분함, 이러한 정신적 유희의 즐거움, 넓고, 급진적이고 큰소리로 생각하고, 계획된 것을 마지막까지 나누지 않아도, 다른 사람이 계속 이어갈 수 있도록 아이디어를 열어놓을 수 있는, 아무런 거리낌 없이 말할 수 있는 용기. 나는 바로 이런 것들을 공개 논의에서 그리워했었다.

그렇다면 공동의 성찰은 어떻게 이루어지는 것일까? 양자물리학자이자 철학자 데이비드 봄David Bohm은 이 질문과 씨름하며 실제 대화에서 승자가 없어야 한다는 논증을 펼쳤다.

한 사람이 이기면 모두가 이긴다. 그 뒤에는 다른 정신이 숨겨져 있다. 대화는 점수를 더 받거나 자신의 관점을 관철시키는 것이 아니다. 참석자 중 누군가 실수했다는 사실이 밝혀졌을 때 오히려 모두가 이겼다고 할 수 있다. 반면 승패를 가르는 경기에는 승자만 존재한다. 내가 이기면 너는 지는 것이다. 하지만 대화는 공동체가 참여하는 것이다. 이 대화에서 우리는 서로 대항하여 경기하는 것이 아니라 함께 경기한다. 대화에서는 모두가 승리한다.[13]

이것은 모든 참여자들이 절대성에 대한 요구를 포기하고

자신이 실수할 가능성을 인정하는 자세를 전제로 한다. 봄은 협력적인 센스메이킹sensemaking* 프로세스를 구축하는 새로운 형태의 성찰을 발전시켜야 하고, 이 프로세스는 가변적이고 미완성 상태여야 한다고 썼다.

우리는 더 이상 서로 반대 입장을 주장하는 관계가 아니다. 우리는 단순히 상호작용을 했다고 말할 수 없고, 오히려 우리 모두가 공동의 발전과 변화를 가져올 수 있는 공동의 의미에 참여했다고 말할 수 있다. 이러한 발전에서 그 집단은 처음부터 정해진 목표를 가지고 있어야 한다. 이 목표가 변화의 자유라는 것을 매 순간 보여주어야 할지라도 말이다. 이 집단은 어떤 화자도 어떤 내용도 배제되지 않는 새로운 역동적인 관계에 참여하기 시작한다. 우리가 앞서 설명한 의미에서 대화의 가능성을 연구하기 시작한다면 변화 가능성은 우리의 단순한 인간관계에 변화를 가져올 뿐만 아니라, 무엇보다 이러한 관계가 탄생하는 의식이 변화할 수 있는 길을 열어줄 것이다.[14]

함께 생각할 때 우리의 대화 상대가 갖고 있는 관점에 한없이 관대해야 할까? 아프리카계 미국인 작가 로버트 존스 주니어Robert Jones jr.는 아주 명료하고 단순한 원칙을 세웠

* 예상치 못한 사건이나 불확실성이 높은 사건에 의미를 부여해 상황을 호전시키는 순환 과정

다. "당신의 경멸에 나에 대한 억압과 나라는 인간적 존재와 나의 존재에 대한 권리를 인정하길 거부하는 마음이 담겨 있을지라도, 우리는 다양한 의견을 갖고 우리를 사랑할 수 있다."[15] 우리는 상대방의 관점을 무조건적으로 관대하게 수용해야 하는 테이블에는 절대 앉지 말아야 한다. 우리는 함께 큰소리로 생각할 수 있어야 하고, 원칙과 경계가 있어야 한다.

원칙적으로 어떤 질문이든 할 수 있는 것이기 때문이다. 모든 사람이 모든 맥락의 모든 질문에 **답변해야** 할까? 간혹 이치에 어긋난 질문을 하는 사람들이 있다. 이를테면 내가 히잡을 쓰고 샤워를 하는지와 같은 질문들이다. 사적인 대화에서는 이런 질문에 대해 답을 해줄 수 있을지 모르겠지만, 이것은 수백만 명의 청중이 있는 토크쇼에서는 나올 질문이 아니다. 왜 그럴까? 이 질문은 나와 히잡을 쓰는 다른 여성들을 대상물의 위치로 몰아넣어 결국 웃음거리로 만들기 때문이다. 우리가 실제로 흑인들이 선한 사람일 수 있다는 주장과 관련된 모든 것을 논의해야 할까? 일단 기준이 있어야 한다. 이 질문이 정말 사회적으로 중요한가? 이 질문이 건설적이고 어떻게든 우리가 무언가를 더 진척시킬 수 있게 하는가? 이 질문이 불안과 무기력만 더 부추기는가?

오히려 정반대다. 이러한 연출된 논의들에서는 인간 혐오를 선동하고 있다는 사실이 전혀 드러나지 않는다. 인간 혐오는 현존과 관련성을 포함하고 하나의 **의견**이 되는 반면, 이것을 거부하는 자는 비인간화의 **정도**를 협의해야 한다. 언제 각 참여자들은 이러한 연출을 허용하지 않을까? 그러면 이것은 이들에게 논쟁과 비판 능력이 부족하다는 증거가 된다. 이들은 다른 의견들을 다룰 능력이 없다고 평가된다.

> 나는 페미니스트가 되지 않느니 차라리
> 나쁜 페미니스트가 되겠다.
> ─록산 게이 Roxane Gay●

데일 스펜더는 자신의 저서 《기록을 위해 For the Record》에서 다른 페미니스트들의 업적을 모아, 이에 대한 글을 쓰고, 분류하고, 논평했다. 출간 전에 그녀는 모두에게 의견을 말할 기회를 주었다. 서서히 의견이 나오기 시작했을 때 스펜더는 깨달았다. "많은 여성 페미니스트 이론가들이 최대한 정직하게 자기 생각을 표현하고 설명하기 위해 과감하게 도전한 동시에 공격을 받았고 이에 대해 비난을 받았다." 이를 통해 그녀는 이런 교훈을 얻었다고 한다.

● 미국의 작가, 영문학 교수, 페미니스트

우리가 위험을 무릅쓰면서 우리의 자매들을 심하게 헐뜯어, 이들이 뒤로 물러나고 모든 위험한 발언을 피하게 만들면 안 된다. (······) 우리와 가부장적 견해의 차이는 엄청나게 크다. 하지만 이 차이보다 우리들 간의 차이가 더 끔찍하다고 느낀다면 이것이야말로 고통스러운 아이러니다.[16]

여기에서 스펜더는 비판을 멈출 것이 아니라, 비판의 정도, 형식, 유형을 알아야 한다고 했다. 그녀는 경계 설정이 아닌 교류를 통해 이뤄지는 호의적인 논쟁을 지지했다.

함께하는 우리의 미래를 위한 진정한 공동의 성찰에는 원칙적으로 동일한 가치를 추구하는 사람들 간의 호의가 무엇보다 필요하기 때문이다. 비판적 사고는 비판받는 사람들을 통해 생기는 것이 아니다. 호의적으로 비판하는 사람은 상대방에게 그가 들어올 수 있는 문을 열어준다. 비판은 찬성도 내포할 수 있다. 모두가 같은 생각을 하고 있지 않을지라도 이렇게 모두에게 열려 있는 새로운 생각의 길이 생긴다.

우리는 인간이다. 우리는 실수를 한다. 우리는 상처를 주고 상처를 입는다. 우리가 서로에게 끊임없이 한 가지 입장만 강요하지 않을 때만, 우리가 스스로와 다른 사람들에게 경직된 관점으로 구속하지 않을 때만, 우리는 함께 앞으로 나아갈 수 있다. 실수해보지 않으면 절대로 걷고, 말하고, 읽고, 쓰는 법을 배울 수 없다. 이러한 인간적인 실수를 통해 우리는 세계와 우리 자신을 알아가는 것이다.

함께 생각하기가 가능해지길 원한다면 서로의 발전을 인정하는 법을 배워야 한다. 디지털 아카이브에서는 인터넷 커뮤니티에서도 인간이 되어갈 수 있는 자유, 인간이 되어가는 과정에서 우리의 모든 실수, 모든 어리석음, 모든 연약한 순간, 모든 어두운 면 등을 언제든 찾아낼 수 있기 때문이다. 이것은 아주 쉽게 한 인간을 인간적으로 가장 약한 순간에 가둘 수 있다. 이 순간은 공개적으로 일어나거나 알려지기 때문이다. 그래서 인간은 윤리적으로 우월하다고 느끼기 쉽다.

이러한 방식으로 정치적 논쟁은 온라인이나 오프라인에서 서로를 관찰하는 문화로 전락한다. 이 문화의 유일한 목표는 마치 다른 사람의 실수를 찾아내는 일인 것처럼 보인다. 이제 비판과 악의가 디지털 문화의 가치가 되었다. 어떻게 하면 교묘하게 사람들을 비방할 수 있을까? 어떻게 하면 능숙하게 디지털 문화를 이용해 누군가를 저격할까? 반면 우리가 함께 생각할 수 있는 장소를 마련하길 원한다면 우리 자신과 우리와 같은 목표를 추구하고 있는 다른 사람들에 대한 인내와 호의가 필요하다. 그렇지 않으면 공개적으로 생각할 수 있는 장소는 불가능하다.

먼저 우리가 차별과 극단주의에서 벗어난 실제로 정의롭고 포용하는 사회로 이동해야 하기 때문이다. 그 누구도 '완벽한 민주주의자' 혹은 '참여적 시민'이 될 수 없다. 모든 차별적 구조를 거부하고, 환경 의식을 지지하고, 모든 폭력을 반대하고, 이 세계의 전쟁과 비정의에 맞서 싸우려고 한다면 그 누구도 성공할 수 없다. 우리의 모든 행위는 우리 안에 존재하는 우리의 이상과 현실 사이의 합의하에 이뤄져야 한다.

우리에게는 다르게 행동할 방법이 없다.

"끊임없이 깨어 있기 위해 깨어 있는 자들 사이에, 공간에 있는가?Is there space among the woke for the still-waking?"[17] 작가이자 저널리스트 아넌드 기리다러다스는 이 질문을 통해 명확하게 밝혔다. 정치적 깨어 있음, 즉 워크니스wokeness는 비정의와 억압뿐만 아니라 다원주의를 옹호하려는 의지를 깨닫는 데 필요한 **프로세스**이지만, 언젠가 인간이 도달해야 할 위치는 아니라는 것이다.

그 누구도 완벽하지 않다. 어떤 사람들은 다른 사

람들보다 철저하고, 어떤 사람들은 더 강하거나 용기 있
거나 많은 가능성에서 단지 더 많은 혜택을 입었을 뿐이
다. 아무도 인격화된 이상이 될 수 없다. 때로는 불가능한
것을 시도하고, 좌절하고, 그런데도 더 나아가야 한다는
사실을 아는 것도 좋다. 이것을 페미니스트 작가 록산 게
이는 자신의 저서 《나쁜 페미니스트》에서 탁월하게 표현
했다.

> 나는 인간이기 때문에 **나쁜 페미니스트**라는 명칭
> 을 요구한다. 나는 뒤죽박죽인 사람이다. 나는 다
> 른 사람들을 위한 모범적 인물이 되려고 노력하지
> 않는다. 나는 모든 것에 답이 있다고 말하지 않으
> 려고 노력한다. 나는 모든 것이 나와 잘 맞는다고
> 말하지 않으려고 노력한다. 나는 단지 내가 믿는
> 것을 밖으로 옮기려고 노력할 뿐이다. 나는 이 세
> 계에서 무언가 좋은 일을 하기 위해 노력하고, 내
> 가 쓴 글로 관심을 불러일으키고 단지 나로 남아
> 있기 위해 노력한다.[18]

우리는 자신이 실수할 가능성을 알아야 할 필요가 있다.
그리고 우리는 미래를 맛보고, 새로운 방식의 말하기를

연습할 공간이 필요하다. 의구심을 품으면서, 성찰하면서, 배경을 질문하면서, 때로는 큰소리로 때로는 작은 소리로, 하지만 항상 호의적으로.

　　　이 책은 복잡성 속에서 살아가는 우리 모두가 인간으로서 동등한 권리를 갖고 존재할 수 있고, 그 길로 가기 위한 성찰이자, 더 나은 사회를 건설하겠다는 우리의 이상을 실현하기 위한 언어를 찾아가는 과정을 담은 글이다. 이 책은 우리의 언어, 생각, 느낌, 삶의 구조와 한계를 인식하고 여기에 몰두하는 자극제가 될 것이다. 세상 자체는 정의롭지 않다는 사실을 인정해야 한다. 이를 얼마나 많은 사람들이 편하게 받아들일 수 있을지 모르겠다. 실질적인 변화를 일으키는 생각. 그 과정 중에 불쾌함을 느낄지라도, 답보다 질문이 더 많을지라도 말이다.

　　　희망을 품기 위한 자극. 부당함에 익숙해지지 않기 위해서.

　　　자신의 관점과 한계를 깨닫기 위한 자극. 더불어 이러한 세상을 깨닫기 위한 잠재력.

　　　우리가 정말로 함께하고 싶은 사회를 함께 만들어 나가겠다는 자극.

　　　이런 세상에서 우리 모두는 동등한 권리를 갖고, 말하고, 존재할 수 있다.

감사의 말

그리고 그의 기적 가운데 하늘과 땅의 피조물,

너희의 혀와 색깔의 다양성이 존재한다.

그 안에서 보라. 진리를 위해

지식을 가진 모두를 위해

―3장 22절

이 책을 쓰게 된 것은 나에게 선물이었다. 내가 몇 발짝 뒤로 물러서서 세상, 정치적·사회적 사건을 더 침착하고 포괄적으로 관찰할 수 있는 기회가 주어졌기 때문이다. 또한 현재에 대한 분석을 잠시 멈출 뿐만 아니라 미래로 가는 길을 모색하는 기회가 주어졌기 때문이다. 나보다 앞서 카더 아블라가 이 길을 걸어왔던 것처럼. 그라다 킬롬바가 책을 쓰는 순간 그녀는 객체가 주체가 되었다는 사실을 깨달았던 것처럼 말이다.

나보다 먼저 와, 자신들의 지식, 깨달음, 투쟁, 삶을 통해 그 길을 닦았던 모든 이들에게 감사드린다. 당신들의 저서와 연구를 통해 당신들을 알게 된 것이 감사할 따름이다. 당신들이 쓴 글을 읽으면 나는 겸손함, 당신들이 했던 생각의 대화에 동참할 수 있다는 기쁨을 느낀다. 당신들과 좀 더 이어질 수 있을지 모른다는 희망으로.

이 책이 탄생하기까지 생각, 조언, 지성, 우정 등으로 모든 과정에 함께했던 모든 분들, 세이마 프로익샤스Şeyma Preukschas, 에밀리아 로이크Emilia Roig, 미하엘 제만Michael Seemann, 테레사 뷔커Teresa Bücker, 레아 마루스Rea Mahrous, 카난 바이람Canan Bayram, 멜템 쿨라차탄Meltem Kulaçatan, 수키, 마라이스 카이저Mareice Kaiser, 란 호른슈나이트Lann Hornscheidt, 바하르 아슬란Bahar Aslan, 세르타츠 세흐리코으루Sertaç Sehlikoğlu, 아네 비초렉, 하티스 아퀸, 나이카 포루탄Naika Foroutan, 마르가레테 스토코프스키, 아니나 로에츠Annina Loets, 마리 마임베르크Marie Meimberg, 안야 살레, 크리스토프 라우셔Christoph Rauscher, 밀레나 글림보스키Milena Glimbowski, 미튜 산얄Mithu Sanyal, 투포카 오제트Tupoka Ogette, 체포 볼빈켈Tsepo Bollwinkel, 아나톨 슈테파노비치Anatol Stefanowitsch, 막스 촐렉, 베른트 울리히에게 감사 인사를 전한다. 또한 이 책을 위해 나와 함께 생각을 나눈 모든 분들(당신들은 보석처럼 귀한 분들이에요!), 각종 채팅 그룹 회원들(그중에서도 '가장 최고인'), 나에게는 새로운 방식의 말하기를 항상 새롭게, 그리고 오늘 미래를 체험하는 시간이자 생기로 넘쳤던 이야기의 밤에 참여했던 초대 손님과 음악가들에게 고마움을 전한다.

아울러 내가 언어를 찾는 과정에 동행한 〈브레프 마가진Bref-Magazin〉*의 편집부, 내가 영감을 얻고 평안함을 얻게 해준 알프레드퇴퍼재단Alfred Toepfer Stiftung과 가장 아름다운 글쓰기 장소를 위한 로저빌렘젠재단Roger Willemsen Stiftung für die schönsten Schreiborte에 감사드린다. 그리고 '나의 팜파스 오두막Meinen Hütte in der Pampas'에 동행한 알리스 하스터스Alice Hasters와 론야 폰 부름프-자이벨Ronjy von Wurmb-Seibel에게 감사 인사를 전한다.

나의 담당 에이전트 프란치스카 귄터Franziska Günther, 신뢰와 따뜻한 위로가 되어준 한저 출판사 베를린Verlag Hanser Berlin, 특히 나의 발행인이자 편집인으로서 이 책이 세상의 빛을 볼 수 있게 해준 카르스텐 크레델Karsten Kredel에게 감사하다. 당신의 끊임없이 비판적이고 깨어 있는 정신 덕분에 내가 성장할 수 있었어요. 멋진 표지를 디자인한 네스 카푸쿠Nes Kapucu, 당신의 재능은 정말 대단해요! 그리고 나의 안전을 위해 애쓴 율리아 오베르만Julia Obermann, 고마워요.

나의 부모님 이브라임과 아이제! 부모님이 저에게 심어주신 자신감 덕분에 저는 제가 가본 모든 곳과 주변 모든 사람에게 주저 없이 사랑으로 다가갈 수 있었습니다. 부모님은 부모가 자녀에게 줄 수 있는 가장 아름다

• 개혁적 성향의 스위스 월간지

운 선물을 주셨고, 평생의 친구이자 동반자인 형제자매를 제 삶에 추가해주셨지요. 당신은 저에게 책임감 있는 개인, 아들, 자매, 형제가 되라고 가르치셨고, 가장 중요한 것은 종이 되라고 가르치셨습니다. 쓰러진 자를 일으켜 세우는 것은 책임이며, 노력하는 것이 승리보다 낫다는 것을 가르쳐주셨습니다. 오늘 제가 서 있는 자리에서 돌아보면 제가 경험하는 것, 느끼는 것, 제가 가진 모든 것에서 저를 있게 한 당신의 흔적이 보입니다. 알라의 허락을 받아 좋은 자녀로서 아버지께 감사를 표할 수 있기를 바랍니다.

독일로 건너와 처음 우리 가족의 삶을 열어주신 나의 할아버지 메메트! 할머니와 저희는 당신이 정말 그리워요. 할아버지, 하늘나라에서 편히 쉬시길 바랍니다.

내 편이 되어준 나의 남편 알리. 당신이 없었으면 이 책은 나오지도 못했을 거야. 당신의 마음, 당신의 지성, 그리고 나에 대한, 우리에 대한, 이 세상에서 우리가 인간으로 존재하는 데 중요한 모든 것에 대한 당신의 믿음도, 당신의 사랑도, 나와 우리 삶에 가장 소중한 작은 축복도, 전부 고마워요.

내 아들아, 너에게도 고마워. 네가 태어나면서 내 눈이 다시 새롭게 열렸고 그 후로도 계속 새롭게 열리고

있어. 네 할아버지가 너의 귀에 대고 속삭이던 말들이 평
생 너의 동반자가 되어줄 거야.

그리고 신께 감사드린다.

퀴브라 귀뮈샤이

미주

1   Die türkische Autorin Elif Şafak beschreibt gurbet als einen unsichtbaren Splitter unter der Haut, an der Spitze des Fingers. Sie schreibt: »Willst du ihn entfernen, vergeblich. Versuchst du ihn zu zeigen, ebenso vergeblich.

Er wird zu deinem Fleisch, deinem Knochen, einem Teil deines Körpers.

Eine Gliedmaße, die sich nicht mehr entfernen lässt, sei sie dir noch so fremd, sei sie noch so anders.« Elif Şafak, »Gurbet«, Haberturk, 26.11.2011,

https://www.haberturk.com/yazarlar/elif-safak/679900-gurbet (abgerufen am 19.09.2019). Übersetzt von der Autorin.

2   Wilhelm von Humboldt, Schriften zur Sprachphilosophie: Werke in fünf Bänden. Band 3, Stuttgart 1963, S. 224.

3   Holden Härtl, »Linguistische Relativität und die ›Sprache-und-Denken‹-Debatte:Implikationen, Probleme und mögliche Lösungen aus Sicht der kognitionswissenschaftlichen Linguistik«, Zeitschrift für Angewandte Sprachwissenschaft 51 (2009), S. 45–81, http://www.uni-kassel.de/fb02/fileadmin/datas/fb02/Institut_ f%C3%BCr_Anglistik_Amerikanistik/Dateien/Linguistik/Articles/ paper_hhaertl_ZfAL_neu.pdf (abgerufen am 19.09.2019).

4   Die Übersetzung des Pirahã-Wortes als »viele« ist allerdings

ungenau—wörtlich übersetzt bedeutet es »zusammenbringen«.
Claire Cameron, »5 Languages That Could Change the Way You See
the World«, Nautilus, 03.05.2015, http://nautil.us/blog/5-languages-
that-could-change-the-wayyou-see-the-world (abgerufen am
20.09.2019).

5   Sie kennen auch keine Begriffe der Mengenbestimmung wie »alle«,
»jede/r«, »meist« oder »einige«. Pirahã ist nicht die einzige Sprache
ohne Zahlwörter, jedoch sind die Pirahã laut Everett die einzigen,
die auch in anderen Sprachen keine Zahlen erlernen—Everett und
seine Frau versuchten ihnen über Jahre die Ziffern von 1 bis 10 auf
Portugiesisch beizubringen. Es ist beeindruckend, dass die Pirahã
es geschafft haben, trotz jahrzehntelanger Missionierungsversuche,
aber auch Eingriffen und Regulierungen der Regierung den
Einfluss der Außenwelt gering zu halten. John Colapinto,
»The Interpreter: Has a remote Amazonian tribe upended our
understanding of language?«, The New Yorker, 09.04.2007, https://
www.newyorker.com/magazine/2007/04/16/the-interpreter-
2(abgerufen am 20.09.2019).

6   Daniel Everett, Das glücklichste Volk. Sieben Jahre bei den Pirahã-
Indianern am Amazonas, übersetzt von Sebastian Vogel, München
2010, S. 196 und 200.

7   Kathrin Sperling, »Geschlechtslose Fräulein, bärtige Schlüssel und
weibliche Monde—beeinflusst das grammatische Geschlecht von
Wörtern unsere Weltsicht?«, Babbel Magazin, 25.02.2016, https://
de.babbel.com/de/magazine/grammatisches-geschlecht-und-
weltsicht (abgerufen am 20.09.2019).

8   BBC, »How language defines us as women«, The Conversation,
09.07.2019, https://www.bbc.co.uk/programmes/w3csynjf, ab

Minute 4:41.

9   »Lost In Translation: The Power Of Language To Shape How We
     View The World«, Hidden Brain Podcast, 29. Januar 2018, https://
     www.npr.org/templates/transcript/transcript.php?storyId=5816577
     54&t=1569927557957(abgerufen am 09.10.2019).

10   Wie sich auch im Deutschen Geschichten erzählen lassen, ohne das
     Geschlecht der Personen zu benennen, führen Lann Hornscheidt
     und Lio Oppenländer in ihrem Buch Exit Gender beispielhaft vor.
     Lann Hornscheidt und Lio Oppenländer, Exit Gender, Berlin 2019.

11   Die erste westliche Beobachtung dieser Art machte der
     Soziolinguist Stephen Levinson und trug mit seiner Forschung
     maßgeblich dazu bei, die linguistische Relativitätshypothese im
     akademischen Diskurs prominenter zu diskutieren. https://pdfs.
     semanticscholar.org/400c/4086205ebbfacf938478d5b73ea9eb
     4b052a.pdf. Vergleiche auch Caleb Everett, Linguistic Relativity.
     Evidence Across Languages and Cognitive Domains, 2013, S. 20.

12   »Lost In Translation«, Hidden Brain Podcast. Übersetzt von der
     Autorin.

13   Annabell Preussler, »Über die Notwendigkeit des (geschlechter)
     gerechten Ausdrucks«, maDonna Nr. 1, http://www.gleichstellung.
     tu-dortmund.de/cms/de/Themen/Geschlechtergerechte_
     Sprache/__ber_die_Notwendigkeit_des_geschlechtergerechten_
     Ausdrucks.pdf (abgerufen am 09.10.2019).

14   Selbstverständlich handelt es sich hier um eine heteronormative
     Antwort, denn es könnte sich beispielsweise auch um eine
     homosexuelle Partnerschaft handeln; ein Kind könnte also zwei
     Väter haben. Oder auch einen biologischen und einen sozialen
     Vater.

15   Monika Dittrich, »Die Genderfrage im Rechtschreibrat«,
Deutschlandfunk, 15.11.2018, https://www.deutschlandfunk.de/er-
sie-die-genderfrage-im- rechtschreibrat.724.de.html?dram:article_
id=433109 (abgerufen am 20.09.2019).

16   Dagmar Stahlberg, Sabine Sczesny und Friederike Braun, »Name
Your Favorite Musician: Effects of Masculine Generics and of
their Alternatives in German«, Journal of Language and Social
Psychology 20, Nr. 4 (2001), S. 464–469. Siehe auch Karin Kusterle,
Die Macht von Sprachformen, Frankfurt am Main 2011.

17   In diesem Buch verwende ich da, wo möglich, geschlechtsumfassende
Formulierungen und das Gender-Sternchen(*).

18   Gibt es weniger Sexismus und sexistische Gewalt in der Türkei,
weil die Sprache zumindest grammatikalisch nicht diskriminiert?
Nein – die Türkei ist eines der Länder mit den höchsten Femizid-
Raten weltweit und mitnichten eine gendergerechte Gesellschaft.
Denn Sprache ist nur ein Faktor. Andere sind mediale Bilder, Filme,
Kunst, Kultur, Justiz, Exekutive, tradierte Machtkonstruktionen in
Politik, Wirtschaft, Bildungsinstitutionen, religiösen Institutionen
etc. Das Patriarchat findet mit einer Sprachreform kein Ende. Aber
auch nicht ohne.

19   Genau deshalb schlägt Lann Hornscheidt vom Zentrum für
Transdisziplinäre Geschlechterstudien an der Humboldt-
Universität vor, ein »x« zu verwenden. Also »wenn die Frage, ob
die gemeinten Personen weiblich, männlich oder trans* sind, in
einem Kontext keine Rolle spielt oder keine Rolle spielen soll«.
Ein Beispiel hierfür wäre: »Dix Studierx hat in xs Vortrag darauf
aufmerksam gemacht, dass es unglaublich ist, wie die Universität
strukturiert ist, dass es nur so wenige Schwarze/PoC Professxs

gibt.« AG Feministisch Sprachhandeln der Humboldt-Universität zu Berlin, Was tun? Sprachhandeln – aber wie? W_Ortungen statt Tatenlosigkeit, 2014, S. 17, http://feministisch-sprachhandeln.org/ wp-content/ uploads/2014/03/onlineversion_sprachleitfaden_ hu-berlin_2014_agfeministisch-sprachhandeln.pdf (abgerufen am 09.10.2019). Hornscheidts Vorschlag wurde medial kontrovers diskutiert und führte auch zu Schmähkampagnen und Drohungen aus rechten Milieus. Doch je länger ich darüber nachdenke, umso eher leuchtet mir ein, dass – unabhängig davon, ob mittels eines »x« oder einer anderen Form – der Weg hin zu einer Sprache, in der Menschen nicht an allererster Stelle einer Geschlechtsidentität zugeordnet werden, ein richtiger Weg ist. Denn im Grunde bedeutet Hornscheidts Vorschlag nur: Deine Geschlechtsidentität ist mir (zunächst) egal beziehungsweise nicht wichtig. In Exit Gender schlagen Lann Hornscheidt und Lio Oppenländer vor, alle Äußerungen mit »die Person, die ··· (lehrt, singt, Rad fährt)« zu beginnen, übernommen aus der BeHinderten-Bewegung: Die Person kommt zuerst, alles andere sind Zusätze, die nicht die Essenz einer Person darstellen. Vgl. Hornscheidt und Oppenländer, 2019.

20   David Foster Wallace, Das hier ist Wasser / This is Water, übersetzt von Ulrich Blumenbach, Köln 2012, S. 9.

21   George Steiner, Sprache und Schweigen. Essays über Sprache, Literatur und das Unmenschliche. Berlin 2014, S. 175.

22   Ebd., S. 155.

1   Jhumpa Lahiri, »I am, in Italian, a tougher, freer writer«, The
     Guardian, 31.01.2016, https://www.theguardian.com/books/2016/
     jan/31/jhumpalahiri-in-other-words-italian-language (abgerufen
     am 16.09.2019). Übersetzt von der Autorin.

2   Navid Kermani, »Ich erlebe Mehrsprachigkeit als einen großen
     Reichtum«, Goethe-Institut, http://www.goethe.de/lhr/prj/mac/msp/
     de2391179. htm (abgerufen am 01.10.2019).

3   »Das Pferde-Plagiat«, Die Zeit, 01.03.1963, https://www.zeit.
     de/1963/09/das-pferde-plagiat (abgerufen am 09.10.2019).

4   Elif Şafak, »Writing in English brings me closer to Turkey«, British
     Council Voices Magazine, 19.11.2014. https://www.britishcouncil.
     org/voices-magazine/elif-shafak-writing-english-brings-me-
     closer-turkey (abgerufen am 01.10.2019). Übersetzt von der Autorin.

5   Emine Sevgi Özdamar, Die Brücke vom Goldenen Horn, Köln 1998.

6   »Aufgrund eines fremden Akzents«, so beschreibt es die Schweizer
     Linguistin Marie José-Kolly, »schließen Muttersprachler unbewusst
     auch auf Bildungsgrad, sozialen Status, Intelligenz und sogar
     Persönlichkeitszüge. «Marie-José Kolly, »Weshalb hat man (noch)
     einen Akzent? Eine Untersuchung im Schnittfeld von Akzent und
     Einstellung bei Schweizer Dialektsprechern«, Linguistik Online
     50, Nr. 6 (2011), https://doi.org/10.13092/lo.50.319 (abgerufen am
     09.10.2019).

7   Dave Burke, »Princess Charlotte can already speak two languages
     – at age TWO«, Mirror, 13.01.2018. https://www.mirror.co.uk/
     news/uk-news/princess-charlotte-can-already-speak-11848448
     (abgerufen am 01.10.2019).

8   Ich bekam damals eine Zusage für das Praktikum in der Kinderarztpraxis. Als türkische Mütter mit ihren Kindern in die Praxis kamen und mich um Übersetzungshilfe baten, wurde ich mit ihnen in ein Hinterzimmer geschickt. Auch in der Praxis, wurde mir erklärt, werde kein Türkisch gesprochen.

9   Die Europäische Union übte Druck auf die türkische Regierung aus, die sich damals inmitten der EU-Beitrittsverhandlungen befand. So konnte Leyla Zanas Haft vorzeitig beendet werden. Alexander Isele, »Kämpferin: Personalie: Die kurdische Politikerin Leyla Zana droht mit Hungerstreik«, Neues Deutschland, 14.09.2015, https://www.neues-deutschland.de/artikel/984363.kaempferin.html (abgerufen am 20.09.2019). 24 Jahre später, im November 2015, wurde Leyla Zana erneut ins türkische Parlament gewählt, dieses Mal für die HDP. Zwar legte sie ihren Eid ohne Kommentar auf Türkisch ab, doch schwor sie statt auf das »türkische Volk« auf das »Volk der Türkei«, um zu betonen, dass nicht die gesamte Bevölkerung der Türkei »türkisch« ist. Auch dies löste eine Kontroverse aus. dpa/afp, »Kurdin löst Kontroverse im türkischen Parlament aus«, Deutsche Welle, 17.11.2015, https://p.dw.com/p/1H7S0 (abgerufen am 20.09.2019). Nach dem Entzug ihres Stimmrechts wurde ihr 2018 auch ihr Parlamentssitz entzogen. dpa/afp, »Kurdische Abgeordnete Leyla Zana verliert Parlamentssitz in der Türkei«, Deutsche Welle, 12.01.2018, https://p.dw.com/p/2qmD2 (abgerufen am 20.09.2019).

10   Bejan Matur, Dağın Ardına Bakmak, Istanbul 2011, S. 89. Übersetzt von der Autorin.

11   Robin Kimmerer, Braiding Sweetgrass, Minneapolis 2013, S. 50. Übersetzt von der Autorin.

12   Ebd.

13   Kurt Tucholsky, Sprache ist eine Waffe. Sprachglossen, Hamburg
        1989, S. 48 f.

14   Colm Tóibín, »The Henry James of Harlem: James Baldwin's
        struggles«, London Review of Books, 14.09.2001, https://www.
        theguardian.com/ books/2001/sep/14/jamesbaldwin (abgerufen am
        01.10.2019).

15   James Baldwin, The Cross of Redemption: Uncollected Writings,
        New York 2010, S. 67. Übersetzt von der Autorin.

3장   누가 서술하고 누가 서술되는가?

1   »Um als Unrecht zu gelten, muss etwas sowohl schädigend als auch
        ungerecht sein, also entweder diskriminierend oder anderweitig
        unfair. Im vorliegenden Fall sind sowohl die belästigende als
        auch die belästigte Person kognitiv eingeschränkt–beiden fehlt
        ein umfassendes Verständnis davon, wie er sie behandelt –,
        doch für den Täter stellt dessen kognitive Einschränkung keinen
        bedeutenden Nachteil dar, (während) sie ohne dieses Verständnis
        zutiefst notleidend, verwirrt und isoliert zurückbleibt und zudem
        anfällig ist für weitere Belästigungen. Ihr hermeneutischer
        Nachteil macht es ihr unmöglich, ihre fortdauernde Misshandlung
        als solche zu erkennen, und das wiederum hält sie davon ab,
        dagegen aufzubegehren oder gar effektive Maßnahmen zu deren
        Beendigung zu treffen.« Miranda Fricker, Hermeneutical Injustice:
        Power and the Ethics of Knowing, Oxford 2007, Kapitel 2, S. 5,
        https://doi.org/10.1093/acprof:oso/9780198237907.001.0001

(abgerufen am 20.09.2019). Übersetzt von der Autorin.

2   Betty Friedan, Der Weiblichkeitswahn oder Die Selbstbefreiung der Frau, übersetzt von Margaret Carroux, Hamburg 1970.

3   Sie selbst bezeichnete diese Frauen nicht explizit als »weiße Frauen«. Mir ist diese Hervorhebung aber wichtig, da zur gleichen Zeit Arbeiterfrauen, Women of Color und Migrantinnen in den USA gänzlich andere Lebens realitäten hatten und beispielsweise von »Rassensegregation« betroffen waren.

4   Friedan, 1970, S. 9.

5   Ebd., S. 17.

6   Dale Spender, For the Record. The Making and Meaning of Feminist Knowledge, Toronto 1985, S. 10.

7   »Es (das N-Wort) ist eine Fremdbezeichnung für Schwarze Menschen von weißen Menschen. Das Wort lässt sich nicht von seiner rassistischen Entstehungsgeschichte entkoppeln. Ebenso bezieht sich der Begriff auf die Hautfarbe von Menschen und konstruiert demnach eine Identität über die Pigmentierung von Menschen«, schreibt die Autorin und Aktivistin Tupoka Ogette. Tupoka Ogette, exit RACISM: rassismuskritisch denken lernen, Münster 2017, S. 75.

8   »Das Beharren auf einer Sichtweise schließt nicht nur vieles aus (und ist deshalb parteiisch und ungenau), es nimmt für diejenigen, die diese Sichtweise zufälligerweise vertreten, auch ein erhebliches Privileg in Anspruch. Sie sind in der privilegierten Position, ›alles‹ zu wissen: Ihre Voreingenommenheit, ihre Begrenzungen werden zum Maßstab, mit dem alles andere gemessen wird, und wenn sie eine bestimmte Erfahrung niemals gemacht haben – so wie Weiße in der westlichen Gesellschaft keine rassistische Diskriminierung

erleiden, Beschäftigte nachvollziehen können, wie es ist, arbeitslos zu sein, und Männer nicht wissen, wie sich die täglichen Routinen einer Hausfrau anfühlen –, dann kann es sein, dass diese Erfahrung als nicht existent erachtet wird: sie ist unwirklich.«Spender, 1985, S. 10 f. Übersetzt von der Autorin.

9   »Glückwunsch. Sie fünf müssen nicht länger so tun, als fühlten Sie sich zu Harvey Weinstein hingezogen.«

10   Bereits 2006 nutzte die Aktivistin Tarana Burke »Me Too« als Schlagwort auf der Plattform Myspace, um sexuelle Gewalt gegenüber Frauen of Color zu thematisieren. 2017 griff die Schauspielerin Alyssa Milano es prominent auf.

11   Dieses und alle folgenden Zitate wurden als Twitter-Posts im September 2013 veröffentlicht.

12   Seither gibt es berechtigte Kritik am Begriff »Alltagsrassismus«, weil mit ihm eine Verharmlosung ebenjenes einhergeht. Vorgeschlagen wird deshalb, von »Rassismus im Alltag« zu sprechen.

13   »Wiederholt« deshalb, denn #SchauHin war mitnichten ein Anfang. Schon seit Jahrzehnten hatten Organisationen und Aktivist*innen mit Büchern, mit intellektueller, wissenschaftlicher und künstlerischer Arbeit den Weg dafür geebnet, dass Rassismus in seiner im Alltag normalisierten Form erkennbar und benennbar wurde. Doch ein Begriff muss fortwährend, immer wieder aufs Neue mit Bedeutung gefüllt werden. Den Menschen, die die Basis für diese Bewusstseinsprozesse legten, lässt sich in ihrer großen Zahl nicht gerecht werden, deshalb seien hier nur einige stellvertretend genannt: Organisationen wie ADEFRA e.V. (Schwarze Frauen in Deutschland), ISD e.V. (Initiative Schwarzer Menschen in

Deutschland) oder der braune mob e.V. sowie Persönlichkeiten wie May Ayim, Grada Kilomba, Dagmar Schultz, Peggy Piesche, Noah Sow, Mutlu Ergün Hamaz, Fatima El-Tayeb, Sharon Dodua Otoo, Tupoka Ogette, Joshua Kwesi Aikins, Prof. Dr. Maureen Maisha Eggers und unzählige mehr.

14   Wie Dale Spender schrieb: »Würden Frauen gemeinsam handeln und ihre Aktivitäten gegenseitig anerkennen, bliebe Männern wenig übrig, als ihre Meinung zu ändern – geringfügig jedenfalls. Männer haben jahrhundertelang die Richtigkeit und Angemessenheit ihrer Beschreibungen und Erklärungen der Welt – und der Frauen – untereinander abgeglichen und einander bestätigt, ohne dabei je die Frauen einzubeziehen. (…) Frauen ergriffen die Initiative und Männer wären verpflichtet zu reagieren.« Dale Spender, Man Made Language, London 1990, S. 4. Übersetzt von der Autorin.

15   Die Anekdote findet nach dieser Intervention noch ein positives Ende. Shiferaw schreibt: »Sie kriegt Tränen in den Augen. Sie haben Recht. Das ist unfair. Es ist mir jetzt auch peinlich, aber ich weiß auch nicht, was ich dagegen machen kann. Das ist einfach so, dass ich ein mulmiges Gefühl habe.« https://www.facebook.com/EOTO.eV/posts/2273914666058350(abgerufen am 09.10.2019).

16   Caroline Criado Perez, Invisible Women. Exposing Data Bias in a World Designed for Men, London 2019, S. 60. Übersetzt von der Autorin.

17   Paul Celan, Eingedunkelt und Gedichte aus dem Umkreis von Eingedunkelt, Frankfurt am Main 1991, S. 41.

18   Semra Ertan, »Mein Name ist Ausländer«, zitiert in Cana Bilir-Meier, Nachdenken über das Archiv – Notizen zu Semra Ertan,

http://www.canabilirmeier.com/wp-content/uploads/2015/07/ Nachdenken-%C3%BCber-das-Archiv-%E2%80%93-Notizen-zu- Semra-Ertan.pdf(abgerufen am 20.09.2019).

19   Zu sehen im Video der Künstlerin und Nichte von Semra Ertan, Cana Bilir-Meier, https://vimeo.com/90241760, Minute 5:56.

20   Hamburger Abendblatt, »Erschütternde Verzweiflungstat einer Türkin«, Hamburger Abendblatt, 01.06.1982, https://web.archive. org/web/20140728185642/http://www.abendblatt.de/archiv/article. php?xmlurl=/ha/1982/xml/19820601xml/habxml820406_7026. xml(abgerufen am 20.09.2019).

4장   개성을 빼앗긴 사람들

1   Vinda Gouma, »Ich bin die Flüchtlinge!«, Der Tagesspiegel, 28.01.2019, https://www.tagesspiegel.de/gesellschaft/ lesermeinung-ich-bin-diefluechtlinge/23917406.html (abgerufen am 20.09.2019).

2   Ebd.

3   Sara Yasin, »Muslims Shouldn't Have To Be ›Good‹ To Be Granted Human Rights«, Buzz Feed News, 21.02.2017, https:// www.buzzfeed.com/sarayasin/muslims-shouldnt-have-to-be- good-to-be-granted-humanrights?utm_term=.yjWBJXDVlM#. nsMGR1v90z (abgerufen am 10.01.2019). Übersetzt von der Autorin.

4   Welche Aggression und Irritation die muslimische Frau auslöst, insbesondere dann, wenn sie sich durch ihre Kleidung dem Blick der Neugier der Benennenden verwehrt, beschrieb der französische Theoretiker und Vordenker der Entkolonialisierung Frantz Fanon

1959 wie folgt: »Eine Frau, die sieht, ohne selbst gesehen zu werden, erzeugt im Kolonisator ein Gefühl der Ohnmacht. Es gibt keine Wechselbeziehungen. Sie gibt sich nicht hin, verschenkt sich nicht, bietet sich nicht dar. Der Algerier hat zu der algerischen Frau eine insgesamt klare Einstellung. Er sieht sie nicht; ja, er versucht, die Frau nicht zu beachten. Es gibt bei ihm weder auf der Straße noch im Freien dieses der zwischengeschlechtlichen Begegnung entsprechende Betragen, das sich im Auftreten, in der Körperhaltung, in den verschiedenen Verhaltensweisen, an die uns die Phänomenologie der Geschlechter gewöhnt hat, beschreiben läßt. Der der Algerierin gegenübertretende Europäer dagegen will sehen. Er reagiert aggressiv vor dieser Einschränkung seiner Wahrnehmung. Die Aggressivität tritt in den strukturell ambivalenten Verhaltensweisen und im Traummaterial zutage, das man gleicherweise beim normalen wie bei dem an neurotischen Störungen leidenden Europäer beobachtet.« Frantz Fanon, Aspekte der Algerischen Revolution, übersetzt von Peter-Anton von Arnim, Frankfurt am Main 1969, S. 28.

5 Ich könnte ja auch einfach glücklich damit sein, die »Kopftuch-Dame« in diesen Runden zu sein, eine ganze Weltreligion repräsentieren zu dürfen, ja, den Luxus zu haben, im Namen von Millionen Menschen zu sprechen, ohne vorher ihre Erlaubnis einzuholen, ohne von ihnen gewählt worden zu sein, und noch viel besser: ohne von ihnen abgewählt werden zu können. Einfach nur deshalb, weil es die Medienlogik wünscht. Weil unsere Gesellschaft sich mit Komplexität nicht befassen möchte. Weil sich unsere mediale Öffentlichkeit eine Person als Repräsentant*in für eine Religion, eine Menschengruppe, ein Land, einen Kontinent

wünscht. Natürlich, ich könnte dankbar dafür sein, dass ich diese Luxusposition besetzen darf. Aber ich halte dieses System für grundfalsch.

6   Ich würde es Ihnen erklären, wenn mir danach ist. Und Sie mir das Gefühl vermitteln, wirklich neugierig zu sein – auf einer menschlichen Ebene. Doch in den seltensten Fällen wurde mir dieses Gefühl von einem fremden Menschen vermittelt. Viel eher von Menschen, die mich schon lange kennen, mit denen ich befreundet bin. Von denen intime Fragen dieser Art viel angemessener erscheinen.

7   Es gibt mindestens so viele Gründe dafür, dass Frauen das Kopftuch ablegen, wie dafür, dass sie es tragen. Es gibt Frauen, die nicht mehr glauben wollen, möchten, können; Frauen, die nicht mehr der Glaubensgemeinschaft zugeordnet werden wollen; Frauen, die ohnehin nie eines tragen wollten und nun endlich Strukturen schaffen konnten, in denen sie sich diesem Druck nicht mehr unterordnen müssen; Frauen, die keine religiöse Grundlage für ein Kopftuch sehen; Frauen, die sexistische, patriarchale Strukturen nicht mehr ertragen wollen, die sich gegen die sexistische Instrumentalisierung des Kopftuchs wehren wollen – es gibt diese und viele, viele andere Gründe. Was Sie also nicht tun sollten: die im Text genannte Begründung zu der Begründung erklären, also eine Perspektive verabsolutieren.

8   Martin Buber, Ich und Du, Stuttgart 1959, S. 130.

1   John Bargh, Vor dem Denken. Wie das Unbewusste uns steuert, übersetzt von Gabriele Gockel, Bernhard Jendricke und Peter Robert, München 2018.

2   Eine Organisation, die sich trotz dieser Widerstände beständig um Aufklärung bemüht, ist »Heart« aus den USA: Muslimische Frauen tragen Informationen und Bildung zum Thema Sexualität und Gesundheit in muslimische Gemeinschaften hinein und thematisieren auch kontroverse Themen wie Missbrauch durch religiöse Amtsträger, wie beispielsweise in diesem Beitrag: Nadiah Mohajir, »Working Toward Community Accountability «, HEART, http://heartwomenandgirls.org/2019/09/14/workingtoward-community-accountability/ (abgerufen am 09.10.2019). Sexismus in muslimischen Gemeinschaften zu benennen, ohne das rassistische Stereotyp des sexualisierten muslimischen Mannes zu manifestieren, ist ein schwieriges Unterfangen. Heart und andere Initiativen sowie Individuen nehmen sich dieser Herausforderungen an – oft zu einem hohen persönlichen Preis.

3   R. A. Donovan und L. M. West, »Stress and mental health: Moderating role of the strong black woman stereotype«, Journal of Black Psychology 41, Nr. 4 (2015), S. 384–396.

4   »Racial bias in pain assessment and treatment recommendations, and false beliefs about biological differences between blacks and whites«, PNAS, https://www.pnas.org/content/113/16/4296 (abgerufen am 11.10.2019).

5   »Weak Black Women Official Music Video. The Rundown With Robin Thede«, https://www.youtube.com/watch?v=yUswFJ6q_5Q

(abgerufen am 09.10.2019).

6   Max Czollek, Desintegriert euch! München 2018, S. 192.

7   Zitiert nach Shermin Langhoff, Intendantin des Gorki Theaters, im Interview mit dem Tagesspiegel. Patrick Wildermann, »Die Lage in der Türkei verfinstert sich täglich«, Der Tagesspiegel, 19.01.2017, https://www.tagesspiegel.de/kultur/gorki-chefin-shermin-langhoff-die-lage-in-dertuerkei-verfinstert-sich-taeglich/19265526.html (abgerufen am 09.10.2019).

8   Liebe Person, die mir diese Nachricht schickte. Leider konnte ich dich und deinen Namen auf Instagram nicht mehr ausfindig machen. Wenn du das hier liest, melde dich doch bitte bei mir. In einer späteren Auflage würde ich dich gerne namentlich zitieren, wenn du einverstanden bist. Herzlichst! Kübra

9   Kurt Kister, »Stramm rechts – und im Parlament«, Süddeutsche Zeitung, 23.09.2017, https://www.sueddeutsche.de/politik/zeitgeschichte-wostrauss-die-wand-waehnte-1.3677377 (abgerufen am 30.09.2019).

10   »Kampfansage nach Bundestagswahl: AfD-Politiker Gauland über Merkel: ›Wir werden sie jagen‹«, BR, 24.09.2017, https://www.br.de/bundestagswahl/afd-politiker-gauland-ueber-merkel-wir-werden-siejagen-100.html (abgerufen am 30.09.2019).

11   Krista Tippett, »Arnold Eisen: The Opposite of Good Is Indifference«, On Being, 21.09.2017, https://onbeing.org/programs/arnold-eisen-theopposite-of-good-is-indifference-sep2017/ (abgerufen am 30.09.2019).

1   Damals verwendete ich noch diesen Begriff. Heute ziehe ich es
    vor, »antimuslimischer Rassismus« zu sagen. Eine gute Erklärung
    hierzu bietet Elisabeth Wehling in ihrem Buch Politisches
    Framing: »Man kann nur von Glück sagen, dass der Phobie-
    Frame nicht auch in anderen Debatten sprachlich in Mode geraten
    ist. Frauenphobie statt Frauenfeindlichkeit, Judenphobie statt
    Judenfeindlichkeit, arbeiterphobische statt arbeiterfeindliche
    Gesetze. Der Begriff Islamophobie ist mehr als nur problematisch,
    ich halte ihn für gefährlich. Islam-feindliches Denken ist eine
    Geisteshaltung, keine klinische Angststörung. Und gegen Muslime
    gerichtetes Handeln geschieht nicht im Affekt. Und wenn es
    stimmt, dass nur gewalttätige Muslime gemeint seien – wie
    immer wieder bei dem Versuch, die Gefahren des Islam für die
    christliche Kultur erklären zu wollen, beteuert wird –, warum dann
    Islamophobie?« Elisabeth Wehling, Politisches Framing.
    Wie eine Nation sich ihr Denken einredet – und daraus
    Politik macht, Köln 2016, S. 159. Empfehlenswert sind auch
    Yasemin Shooman, »··· weil ihre Kultur so ist« – Narrative
    des antimuslimischen Rassismus, Bielefeld 2014 sowie Ozan
    Zakariya Keskinkılıç, Die Islamdebatte gehört zu Deutschland.
    Rechtspopulismus und antimuslimischer Rassismus im (post-)
    kolonialen Kontext, Berlin 2019.

2   Claude M. Steele, Whistling Vivaldi. How Stereotypes Affect Us and
    What We Can Do, New York 2011.

3   Friedrich Nietzsche, Menschliches, Allzumenschliches. Ein Buch
    für freie Geister, Leipzig 1886, 531.

4 Toni Morrison, »A Humanist View«, Portland State University's Oregon Public Speakers Collection, 1975, https://www.mackenzian.com/wpcontent/uploads/2014/07/Transcript_PortlandState_TMorrison.pdf (abgerufen am 20.09.2019). Übersetzt von der Autorin.

5 Maya Angelou, Ich weiß, warum der gefangene Vogel singt, übersetzt von Harry Oberländer, Berlin 2019.

6 Die zitierten Abschnitte entstammen einer privaten Korrespondenz mit Hatice Akyün.

7 Zitiert in Teresa Bücker, »Warum es so wichtig ist, eine Haltung zu haben«, Edition F, 27.03.2016, https://editionf.com/warum-es-so-wichtigist- eine-haltung-zu-haben/ (abgerufen am 30.09.2019).

8 Mely Kiyak, »Der Hass ist nicht neu. Für uns nicht.«, Festrede bei der Verleihung des Otto-Brenner-Preises, Über Medien, 29.11.2016, https://uebermedien.de/10293/der-hass-ist-nicht-neu-fuer-uns-nicht/ (abgerufen am 20.09.2019).

9 Frithjof Staude-Müller, Britta Hansen und Melanie Voss, »How stressful is online victimization? Effects of victim's personality and properties of the incident«, European Journal of Developmental Psychology 9, Nr. 2 (2012), S. 260–274.

10 Der Fall zeigt, wie wichtig es ist, in der Berichterstattung nicht die Perspektive des Täters zu übernehmen. dpa, »Angreifer boxt schwangere Frau wegen Kopftuch in den Bauch«, Berliner Morgenpost, 20.03.2019, https://www.morgenpost.de/berlin/polizeibericht/article216699249/Angreifer-boxt-schwangerer-Frau-wegen-Kopftuch-in-den-Bauch.html (abgerufen am 11.10.2019).

11 Anne Will 17.03.2019, hart aber fair 18.03.2019, Maischberger 20.03.2019.

12   »Eine von vier Frauen hatte eine Abtreibung. Viele denken,
     sie kennen niemanden, die eine hatte, aber #youknowme.
     Lasst uns Folgendes tun: Wenn du auch eine von vieren bist,
     lasst es uns teilen und damit anfangen, die Beschämung zu
     beenden.« Busy Philipps, https://twitter.com/BusyPhilipps/
     status/1128515490559610881?p=v. Übersetzt von der Autorin.

13   Sara Locke, https://twitter.com/saralockeSTFW/
     status/1128873176912605184. Übersetzt von der Autorin.
     HIPAA steht für Health Insurance Portability and Accountability
     Act und ist ein US-amerikanisches Gesetz aus dem Jahr 1996,
     das unter anderem Datenschutzbestimmungen in Bezug auf
     Krankenversicherungen reguliert.

14   Vortrag »Organisierte Liebe« auf der re:publica 2016, https://
     www.youtube.com/watch?v=BNLhT5hZaV8&t=1s (abgerufen am
     09.10.2019).

7장   우파들의 어젠다

1   Bernhard Pörksen, Die große Gereiztheit. Wege aus der kollektiven
    Erregung, München 2018, S. 165.

2   Von der Carole Cadwalladr in einem TED Talk berichtete: https://
    www.ted.com/talks/carole_cadwalladr_facebook_s_role_in_brexit_
    and_the_threat_to_democracy/transcript#t-886323 (abgerufen am
    11.10.2019).

3   Die Journalistin Ingrid Brodnig schreibt hierzu: »Die wichtigsten
    Gatekeeper im Netz, die Informationen für uns sortieren und
    aussortieren, heißen nicht BBC, CNN, Le Monde oder New York

Times. Sie heißen Facebook und Google. Umso problematischer ist dann, wenn deren Techniker so tun, als hätten sie keinen Einfluss auf die Informationsselektion, die die von ihnen programmierte Software durchführt.« Ingrid Brodnig, Hass im Netz. Was wir gegen Hetze, Mobbing und Lügen tun können, Wien 2016, S. 201.

4   Philip Kreißel, Julia Ebner, Alexander Urban und Jakob Guhl, Hass auf Knopfdruck: Rechtsextreme Trollfabriken und das Ökosystem koordinierter Hasskampagnen im Netz, London 2018, https://www.isdglobal.org/wp-content/uploads/2018/07/ISD_Ich_Bin_Hier_2.pdf (abgerufen am 20.09.2019).

5   Bertolt Brecht, »Fünf Schwierigkeiten beim Schreiben der Wahrheit«, Unsere Zeit 8, Nr. 2/3 (1935), S. 23 f.

6   Noah Sow, Deutschland Schwarz Weiß. Der alltägliche Rassismus. München 2009, S. 30 f.

7   In diesem Interview erklärt der Soziologe Matthias Quent, wie wichtig es ist, diese Tat explizit als »Rechtsterror« und nicht als »Amoklauf« zu bezeichnen: »Die Tat hat eine spezifische politische und gesellschaftliche Wirkung. Offenbar hat der Täter durch eine schockierende Botschaftstat gegen nicht weiße Menschen, gegen People of Color, Angst und Schrecken hervorrufen wollen. Die rassistisch motivierte Opferauswahl steigert Spannungen zwischen gesellschaftlichen Gruppen. Sie betont und ver stärkt ethnische Unterschiede und inszeniert sie als Grund für Gewalt. Deswegen spreche ich von Vorurteils- oder Hassverbrechen und auch von Rechtsterrorismus.«Vanessa Vu, »Die Grenzen zwischen Amok und Terror können verwischen«, Zeit Online, 02.01.2019, https://www.zeit.de/gesellschaft/2019-01/rechtsextremismus-anschlag-bottrop-rassismusradikalisierung-terror-matthias-quent/

komplettansicht (abgerufen am 09.10.2019).

8   Ogette, 2017, S. 80.

9   So geschehen im ARD-Sommerinterview 2019. Gauland: »Aber
     es gibt manchmal Menschen bei uns, die verkennen, dass die
     Partei eine Kampfgemeinschaft ist ···« Moderatorin: »Eine
     Kampfgemeinschaft?« Gauland:»Eine Kampfgemeinschaft
     im Sinne der politischen Veränderung und der politischen
     Machtteilhabe.« https://www.daserste.de/information/nachrichten-
     wetter/bericht-aus-berlin/videosextern/bericht-aus-berlin-
     ut538~_withoutOffset-true.xml (abgerufen am 09.10.2019).

10   Monitor 19.01.2017.

11   Victor Klemperer, LTI: Notizbuch eines Philologen, Stuttgart 2007,
     S. 256.

12   Ron Suskind, »Faith, Certainty and the Presidency of George W.
     Bush«, NY Times Magazine, 17.10.2004, https://www.nytimes.
     com/2004/10/17/magazine/faith-certainty-and-the-presidency-
     of-george-w-bush.html (abgerufen am 20.09.2019). Übersetzt von der
     Autorin.

8장   범주는 언제 새장이 되는가?

1   Michel Foucault, Sexualität und Wahrheit: Der Wille zum Wissen,
     übersetzt von Ulrich Raulff und Walter Seitter, Frankfurt am Main
     1983, S. 116.

2   Bargh, 2018.

3   Mareike Nieberding, »Was Frauen krank macht«, Süddeutsche
     Zeitung, 23.05.2019, https://sz-magazin.sueddeutsche.de/frauen/

frauengesundheit-medizin-87304?reduced=true (abgerufen am 20.09.2019).

4   Zu den Bereichen der Frauengesundheit, die gut erforscht sind, zählen Verhütung (siehe Anti-Babypille) und Depressionen. Bei Depressionen sind damit Männer benachteiligt, bei denen die Suizid-Raten tatsächlich höher sind. Auch hier gilt: Data Gaps können tödlich sein.

5   Perez, 2019.

6   Friedrich Nietzsche, Zur Genealogie der Moral, in: ders., Sämtliche Werke, Bd. 5, München 1999, S. 365.

7   Friedrich Nietzsche, Die fröhliche Wissenschaft, in: ders., Sämtliche Werke, Bd. 3, München 1999, S. 627.

8   Thomas Bauer, Kultur der Ambiguität, Berlin 2011, S. 27.

9   Ebd., S. 251.

10   Ebd., S. 250.

11   Ebd., S. 344.

12   Ebd., S. 346 f.

13   Ebd., S. 347.

9장   내가 나로 말하길 멈추지 않을 때

1   Die Kontakthypothese wurde von dem US-amerikanischen Sozialpsychologen und Vorurteilsforscher Gordon Willert Allport in seinem Buch The nature of prejudice aufgestellt. Gordon Willert Allport, The nature of prejudice, Reading Massachusetts 1954.

2   Chimamanda Ngozi Adichie, »The Danger of the Single Story«, TED Global 2009, https://www.ted.com/talks/chimamanda_adichie_the_

danger_of_a_single_story (abgerufen am 20.09.2019).

3 Abla ist eine respektvolle Ansprache jüngerer Geschwister an die ältere Schwester, wird aber auch durch jüngere Personen für (nicht wesentlich) ältere Frauen verwendet.

4 James Baldwin, Schwarz und Weiß oder Was es heißt, ein Amerikaner zu sein, übersetzt von Leonharda Gescher, Hamburg 1977, S. 44.

5 Gloria Boateng, Mein steiniger Weg zum Erfolg. Wie Lernen hilft Hürden zu überwinden und warum Aufgeben keine Lösung ist, Hamburg 2019, S. 202 f.

6 Grada Kilomba, »Becoming a Subject«, in: Mythen, Masken, Subjekte. Kritische Weißseinsforschung in Deutschland, hg. von Maureen Maisha Eggers, Grada Kilomba, Peggy Piesche und Susan Arndt, Münster 2009, S. 22. Übersetzt von der Autorin.

7 Viet Thanh Nguyen, https://twitter.com/viet_t_nguyen/status/1100788236824109056 . Übersetzt von der Autorin.

8 Ein Neologismus, den die Wissenschaftlerin und Kanakademic Saboura Manpreet Naqshband in der 8. Episode »Anpassen Deluxe – Sehe ich richtig aus?« als Selbstbezeichnung für Kanaks in der Wissenschaft einführt, https://youtu.be/F2eQMh5wmc8 (abgerufen am 09.10.2019).

9 »Kritisches Kartoffeltum«: Saboura Manpreet Naqshband bezeichnet damit »weiße Deutsche, die antirassistisch denken und handeln, und die über ihre kulturellen Gebräuche und Traditionen lachen können. Zudem bezeichnet es diejenigen, die sich – im Auftrag des Gemeinwohls – aufrichtig mit ihrer rassistischen Gegenwart und Vergangenheit auseinandersetzen (wollen).« https://www.instagram.com/p/B2rQJ8forhT/ (abgerufen am 09.10.2019).

10   Bei der Gründung Anfang 2018 hieß die Sendung noch Blackrock
      Talk,eine direkte Übersetzung des Nachnamens der Gründerin
      (Karakaya) ins Englische. Im Oktober 2019 wurde das Format in das
      Jugendprogramm von ARD und ZDF funk aufgenommen und heißt
      seither Karakaya Talk.

11   Kartina Richardson, »How Can White Americans Be Free?: The
      default belief that the white experience is a neutral and objective
      one hurts both white and American culture«, Salon, 25.04.2013,
      https://www.salon. com/2013/04/25/how_can_white_americans_
      be_free/ (abgerufen am 20.09.2019). Übersetzt von der Autorin.

12   Immer wieder höre ich aus dem Umfeld der bildenden Kunst,
      der Musik, der Literatur, dass weiße privilegierte Künstler*innen
      gegenüber Marginalisierten scheinbar neidvoll kommentieren, dass
      diese »das Glück« hätten, Leid zu erleben und folglich »Material«
      für ihre Kunst zu haben–eine beispielhafte Demonstration
      von Ignoranz, die sich als Verständnis tarnt, denn jede*r
      marginalisierte*r Künstler*in, die ich kenne, würde ihre Arbeit
      aufgeben, wenn sie damit der Unterdrückung ein Ende setzen
      könnte. So war aber der Kommentar der Autorin an jenem Abend
      nicht gemeint.

13   Ghayath Almadhoun, Die Hauptstadt, übersetzt von Larissa Bender,
      http://www.citybooks.eu/en/cities/citybooks/p/detail/the-capital
      (abgerufen am 09.10.2019).

10장   대화에서는 모두가 승리한다

1   Aladin El-Mafaalani, Das Integrationsparadox. Warum gelungene

Integration zu mehr Konflikten führt, Köln 2018.

2   »Als ›Vorzimmerdame‹ begehrt – als Kollegin unerwünscht!« heißt der Titel eines Essays der Politologin Helga Körnig. Damit beschrieb sie vor über drei Jahrzehnten einen ähnlichen Konflikt, allerdings in Bezug auf die Rolle der (weißen) Frau. Eine kleine Erinnerung daran, dass manche Konflikte nur oberflächlich »neue« sind. Helga Körnig, »Als ›Vorzimmerdame‹ begehrt–als Kollegin unerwünscht!«, in Utopos–Kein Ort. Ein Lesebuch. Mary Daly's Patriarchatkritik und feministische Politik, hg. von Marlies Fröse, Bielefeld 1988.

3   El-Mafaalani, 2018, S. 79.

4   Ebd., S. 229.

5   So wie es im Juli 2019 Präsident Donald Trump gegenüber vier demokratischen Kongress-Abgeordneten of Color tat und damit empörte Reaktionen auslöste. Bundeskanzlerin Angela Merkel reagierte auf die Frage nach ihrer Haltung zu Trumps Aussage bei einer Pressekonferenz mit den Worten: »Ich distanziere mich davon entschieden und fühle mich solidarisch mit den attackierten Frauen.« Zeit Online/dpa/jsp, »Bundeskanzlerin: ›Ich fühle mich solidarisch mit den attackierten Frauen‹«, Zeit Online, 19.07.2019, https://www.zeit.de/politik/deutschland/ 2019-07/ bundeskanzlerin-angela-merkel-dublin-reform-seenotrettung (abgerufen am 20.09.2019).

6   Marvin E. Milbauer, »Powell, King Speak on Negro Problems: Congressman Sees Threat to U.S. Power«, The Harvard Crimson, 25.04.1964, https://www.thecrimson.com/article/1964/4/25/powell-king-speak-on-negroproblems/ (abgerufen am 20.09.2019). Ein Ausschnitt der Rede ist hier zu finden: https://www.youtube.com/

watch?v=o_WJ4PpxWaE, ab Minute 12:06 (abgerufen am 09.10.2019).

7   Naika Foroutan, Die postmigrantische Gesellschaft. Ein
     Versprechen der pluralen Demokratie, Bielefeld 2019, S. 13 f.

8   Marie Shear, »Media Watch. Celebrating Women's Words«, New
     Directions for Women 15, Nr. 3 (1986), S. 6. Übersetzt von der
     Autorin.

9   Erik Olin Wright, Reale Utopien. Wege aus dem Kapitalismus,
     übersetzt von Max Henninger, Berlin 2017, S. 492. Wright
     beschreibt in seiner Auseinandersetzung mit Utopien den
     Kapitalismus als grundlegendes Hindernis für soziale und
     politische Gerechtigkeit: »Das ist der fundamentale Ausgangspunkt
     der Suche nach Alternativen: die Kritik des Kapitalismus als
     Macht- und Ungleichheitsstruktur. (···) Daraus folgt weder, dass
     alle sozialen Ungerechtigkeiten dem Kapitalismus zuzuschreiben
     sind, noch, dass die vollständige Aufhebung des Kapitalismus
     eine notwendige Vorbedingung wesentlicher Fortschritte bei der
     Verwirklichung sozialer und politischer Gerechtigkeit ist. Es folgt
     jedoch daraus, dass der Kampf um menschliche Emanzipation
     einen Kampf gegen den Kapitalismus erfordert und nicht etwa nur
     einen Kampf innerhalb des Kapitalismus.« Ebd., S. 487.

10   Foucault nannte solche Orte »Heterotopien«: »wirkliche
     Orte, wirksame Orte, die in die Einrichtung der Gesellschaft
     hineingezeichnet sind, sozusagen Gegenplatzierungen oder
     Widerlager, tatsächlich realisierte Utopien, in denen die wirklichen
     Plätze innerhalb der Kultur gleichzeitig repräsentiert, bestritten und
     gewendet sind, gewissermaßen Orte außerhalb aller Orte, wiewohl
     sie tatsächlich geortet werden können«. Michel Foucault, »Andere
     Räume«, in: Aisthesis. Wahrnehmung heute oder Perspektiven

einer anderen Ästhetik, hg. von Karlheinz Barck, Leipzig 1992, S. 39.

11   Wright, 2017, S. 491 f.

12   Carolin Emcke, »Raus bist du«, Süddeutsche Zeitung, 13.05.2019, https://www.sueddeutsche.de/politik/carolin-emcke-kolumne-rassismus-1.4439103 (abgerufen am 09.10.2019).

13   David Bohm, Der Dialog. Das offene Gespräch am Ende der Diskussion, übersetzt von Anke Grube, Stuttgart 2008, S. 34.

14   David Bohm, Die verborgene Ordnung des Lebens, Grafing 1988, S. 199.

15   Robert Jones jr., https://twitter.com/sonofbaldwin/status/633644373 423562753?lang=en. Übersetzt von der Autorin.

16   Spender, 1985, S. 211. Übersetzt von der Autorin.

17   Anand Giridharadas, »Democracy is Not a Supermarket. Why Real Change Escapes Many Change-makers – and Why It Doesn't Have To«,Medium, 01.11.2017, https://medium.com/@AnandWrites/why-real-change-escapes-many-change-makers-and-why-it-doesnt-have-to-8e48332042a8 (abgerufen am 09.10.2019).

18   Roxane Gay, Bad Feminist, übersetzt von Anne Spielmann, München 2019, S. 7 f.

주

언어와 존재

언어는 어떻게 우리의 생각을 만들고 처세와 정치를 결정하는가

초판 1쇄 발행 2023년 10월 10일   지은이 쿼브라 귀뮈샤이
옮긴이 강영옥

펴낸이 김진규
책임편집 또박편집공작소
디자인 손주영
경영지원 정동윤

펴낸곳 (주)시프 | 출판등록 2021년 2월 15일(제2021-000035호)
주소 경기도 고양시 덕양구 권율대로668 티오피클래식 209-2호
전화 070-7576-1412
팩스 0303-3448-3388
이메일 seepbooks@naver.com

ISBN 979-11-92421-26-1 03300

이 책의 본문은 '을유1945' 서체를 사용했습니다.